ihe 28

V. RAYMOND EDMAN

Fürchte dich nicht, ich helfe dir

Hilfe für Angefochtene

VERLAG SCHULTE + GERTH, ASSLAR

Die amerikanische Originalausgabe erschien unter dem Titel
„In step with God" im Verlag Moody Press, Chicago

Übertragen aus dem Amerikanischen

ISBN 3-87739-605-4
Best.-Nr. 15 605
1. Auflage Januar 1978
2. Auflage September 1978
3. Auflage 1980
4. Auflage 1982
Umschlaggestaltung: Gisela Scheer
Satz: Druckerei Klose, Inh. Gebr. Jung oHG, Wetzlar
Druck und Verarbeitung: Ebner Ulm
Printed in Germany

EINFÜHRUNG

Die Bibel ist voll von Verheißungen und Beispielen, wie Gott seine Kinder führt, wenn sie ihm vertrauen und gehorchen. Gottes Sache ist es, die Seinen zu führen und zu versorgen; unsere Sache ist es, ihm zu vertrauen und zu gehorchen. Weil er von jedem Anfang schon das Ende kennt und weiß, was das Beste für uns ist, führt er uns auf rechter Straße, selbst dann, wenn wir manchmal nicht verstehen, weshalb wir einen bestimmten Weg gehen sollen.

Ein bekanntes Lied bringt das so zum Ausdruck:

Ist auch die Zukunft meinem Blick verhüllt,
vertrau ich still.
Seitdem ich weiß, daß sich dein Plan erfüllt,
vertrau ich still.
Seh ich nicht mehr als nur den nächsten Schritt,
mir ist's genug! Mein Herr geht selber mit.

Davon handelt dieses kleine Buch.

V. Raymond Edman

1

GOTTES GEGENWART

„Meine Gegenwart soll dich begleiten, und ich werde dir Ruhe geben" (2. Mose 33,14).

Gott hört und erhört Gebet. Die Bibel verheißt das an zahlreichen Stellen. Jemand faßte diese Wahrheit einmal in folgende ernste Worte:

„Ich weiß nicht, auf welche Weise es geschieht,
aber ich weiß: Gott erhört Gebet.
Ich weiß nicht, wann er mir sagt,
daß mein Gebet erhört ist,
ich weiß, daß es früher oder später sein wird;
wir müssen nur beten und warten.
Ich weiß nicht, ob der begehrte Segen strömend
kommen wird und so, wie ich es mir vorgestellt
habe.
Ich überlasse alles einfach Gott,
denn sein Wille ist weiser als der meine."

Mose hatte ernstlich um Führung gebetet: „Habe ich nun vor deinen Augen Gnade gefunden, so laß mich doch deinen Weg wissen und dich erkennen ..."

Die Antwort auf diese Bitte war die Zusicherung Gottes, des Allerhöchsten, daß er seinen Diener niemals im Stich lassen würde.

Die Reise war lang und der Weg unbekannt. Viele Schwierigkeiten und grimmige Feinde tauchten auf. Doch im Licht der verheißenen Gegenwart Gottes waren diese Umstände von keinerlei Bedeutung.

Die Gewißheit der Gegenwart Gottes ist eine Tatsache und keine Phrase. Der Allmächtige selbst versprach seinem Volk, daß er es auf der Reise durch die Wüste ständig begleiten werde. Sichtbar bestätigte er diese Verheißung durch die Wolken- und Feuersäule.

Dieselbe Verheißung finden wir immer wieder in der Heiligen Schrift, zum Beispiel in dem bekannten Wort des auferstandenen Heilands an die ersten Christen: „Siehe, ich bin bei euch alle Tage bis ans Ende der Weltzeit" (Matthäus 28,20).

Als der Apostel Paulus von allen Seiten bedrängt und verfolgt wurde, durfte er in Korinth die Wirklichkeit der Gegenwart Gottes erfahren.

Wir lesen darüber in der Apostelgeschichte: „Der Herr sprach in der Nacht durch ein Gesicht zu Paulus: Fürchte dich nicht, sondern rede und schweige nicht! Denn ich bin mit dir, und niemand soll sich unterstehen, dir zu schaden; denn ich habe ein großes Volk in dieser Stadt." Und das Ergebnis davon war: „Er blieb ein Jahr und sechs Monate daselbst und lehrte unter ihnen das Wort Gottes" (Apostelgeschichte 18, 9-11).

Wiederum, fast am Ende seines Lebens, konnte derselbe Apostel, obwohl ihn im entscheidenden Augenblick alle im Stich gelassen hatten, in der Gerichtsverhandlung vor Cäsar dieses Zeugnis ablegen: „Der Herr aber stand mir bei und stärkte mich, damit durch mich die Predigt vollständig vorgetragen würde und alle Heiden sie hören könnten; und ich wurde erlöst aus dem Rachen des Löwen. Und der Herr wird mich von jedem boshaften Werk erlösen und mich retten in sein himmlisches Reich. Ihm sei die Ehre von Ewigkeit zu Ewigkeit! Amen" (2. Timotheus 4, 17-18).

Mir wurde diese Tatsache zum erstenmal bewußt, als ich noch jung im Glauben war. Mit 18 Jahren nahm ich Jesus als meinen persönlichen Heiland in mein Leben auf. Direkt nach dem Abitur meldete ich mich freiwillig zum Militärdienst. Nach einer Kurzausbildung in den Vereinigten Staaten fuhr ich mit dem Schiff nach Frankreich. Dort wurde ich dem 28. Infanterie-Regiment der berühmten Ersten Division zugeteilt.

Nach Unterzeichnung des Waffenstillstands im November 1918 zogen die Erste Division und andere amerikanische Einheiten ostwärts hinter der aufgelösten deutschen Armee, die sich auf dem Rückzug befand, durch Luxemburg und Westdeutschland zum Rhein hin. Durch die langen, mühevollen Märsche waren die Truppen ziemlich erschöpft. Aber trotz Erschöpfung überquerten einige Einheiten — meine eingeschlossen — den Rhein nach einer nur sehr kurzen Verzögerung von einem Tag, um einen Brückenkopf zur Verteidigung der Stadt Koblenz zu bilden.

Es schneite heftig, dennoch marschierten wir weiter. An jenem Tag wurde ich zum ersten und einzigen Mal während meiner Militärzeit krank. Ich konnte nicht weiter und blieb am Weg liegen.

Am späten Abend packte ich meine Habseligkeiten zusammen und machte mir mein Nachtlager auf dem Fußboden eines Schulzimmers. Abendessen gab es nicht.

Am nächsten Morgen zogen wir weiter. Das Wetter hatte sich aufgehellt, und die Temperatur war bis unter Null gefallen. Unseren Bestimmungsort erreichten wir am frühen Nachmittag. Meine Gruppe war in einem miserablen Gebäude untergebracht, das bisher als Unterkunft für russische Gefangene gedient hatte. Wir hatten aber doch wenigstens ein Dach über dem Kopf. Die Wände waren nicht mehr ganz in Ordnung, der Fußboden war hart, und durch die Fenster zog es ständig. Immerhin entdeckten wir einen alten Eisenofen, mit dessen Hilfe wir uns doch ein bißchen warm halten konnten. Wir schliefen auf dem

Fußboden und waren froh, daß er, wenn auch hart und kalt, jedenfalls trocken war. Nach der langen Zeit, in der wir auf offenem Feld im Regen und Matsch gelegen hatten, war das ein großer Vorteil, fast schon ein Luxus.

Jeden Morgen ging's ganz früh im tiefen Schnee hinaus zum Manöver. Doch jedesmal hatten wir die Gewißheit, zur Nacht wieder die gleiche Unterkunft aufsuchen zu können. Offensichtlich war die Zeit des Marschierens mit unbekanntem Ziel nun vorbei — jedenfalls zunächst einmal.

Und dann rückte auch Weihnachten näher.

Meine Halsschmerzen hatten sich zu einer schlimmen Mandelentzündung entwickelt. Niemand konnte mich behandeln.

Einen Tag vor Weihnachten — wir warteten gerade auf den Gong zum Essen — traf ein Läufer vom Hauptquartier mit dem Befehl ein, fünf Männer zur C-Kompanie zu verlegen. Wir befanden uns zu der Zeit bei der B-Kompanie und hatten keine Ahnung, wo sich die C-Kompanie aufhielt. Keiner von uns hatte Lust, verlegt zu werden, und jeder versuchte, unauffällig im Hintergrund zu bleiben. Der Sergeant traf jedoch eine sofortige Entscheidung und befahl: „Edman, Sie sind für diese Gruppe verantwortlich", und wies mir vier Männer zu.

Während sie ihre paar Habseligkeiten, die ein Soldat nun einmal bei sich trägt, zusammenpackten, schlüpfte ich in einen angrenzenden Raum, eine wohl seit langem unbenutzte Gaststube. Hier kniete ich an einer Bank nieder und betete ernstlich, aber unhörbar: „Lieber Herr, ich fühle mich so kraftlos. Ich kann unmöglich, wie mir befohlen ist, zur C-Kompanie gehen."

In diesem Augenblick wurde mir die Gegenwart Gottes ganz deutlich und spürbar bewußt. Es war nichts, was man hätte sehen oder fühlen können, aber Gott war wirklich da.

In der Tiefe meines verzagten Herzens hörte ich ihn sagen: „Ich werde mit dir gehen!“ Das war alles, aber es war genug.

Mit dieser inneren Gewißheit erhob ich mich, packte meine Sachen, nahm die Anweisungen entgegen und zog mit den paar Männern hinaus in die bittere Kälte und den tiefen Schnee.

Bei Einbruch der Dunkelheit erreichten wir das kleine Dorf Boden. Der erste Sergeant der C-Kompanie hatte ein Zimmer für uns bereitgestellt — in einem Wohnhaus, nicht in einer Gefängnisbaracke!

Nachdem wir unser Zeug auf den Fußboden gelegt hatten, ging ich in die Küche und setzte mich ans wärmende Feuer. Mit meinen geringen Deutschkenntnissen versuchte ich mich mit unserer „Hausmutter“ zu unterhalten. Sie schaute mich prüfend an und meinte: „Sie sind krank!“ Ich widersprach und beteuerte, daß es mir nicht ausgesprochen schlecht ginge. Aber sie bestand darauf, daß ich nicht in dem kalten Raum schlafen dürfe.

Statt dessen führte sie mich eine Wendeltreppe hinauf ins Dachgeschoß ihres Hauses. Dort zeigte sie auf ein großes Doppelbett mit Daunendecken. Ihr jüngerer Bruder, der kürzlich von einer langen Dienstzeit in der deutschen Armee zurückgekehrt war, lag krank in diesem Bett. Sie steckte mich mit in dieses Bett. Wie gut das tat: eine weiche Matratze unter mir und ein dickes, warmes Federbett über mir. Bis meine Mandelentzündung auskuriert war, durfte ich hier bleiben.

Gott wollte mir zu Weihnachten statt des harten Fußbodens einer Gefängnisbaracke ein warmes Federbett bescheren! Das Beste jedoch, was er mich dabei lehren wollte, war die Realität seiner ununterbrochenen Gegenwart. Jedes Gotteskind, das dem Herrn vertraut und ihm gehorcht, darf mit dieser ständigen Gegenwart Gottes rechnen.

2

GOTTES VERHEISSUNG FÜR DIE SANFTMÜTIGEN

„Er leitet die Elenden auf den rechten Pfad und lehrt die Elenden seinen Weg“ (Psalm 25,9).

Andrew Murray von Südafrika war am Ende des vorigen Jahrhunderts einer der gesegnetsten Gottesmänner seiner Zeit. Er besaß eine umfassende Bibelkenntnis. Seine Schriften zeugen von einer innigen Gemeinschaft mit dem allmächtigen Gott, die für den Leser herzerquickend und zugleich herzerforschend ist. Seine erbaulichen Schriften sind noch heute in vielen Sprachen über die ganze Erde verbreitet. Obwohl Andrew Murray nicht mehr lebt, spricht er immer noch zu uns.

Diejenigen, die ihn gekannt haben, berichten von seinem kindlichen, ungekünstelten Glauben, seiner Anspruchslosigkeit, Liebenswürdigkeit und Demut. Er war seinem Heiland leidenschaftlich hingegeben. Diese Hingabe spürt man aus allen seinen Büchern.

Amy Carmichael beschreibt in einem ihrer Bücher ihre Begegnung mit Andrew Murray während einer Keswick-Konferenz in England. Sie war neugierig, ob er wohl das in seinen Büchern Geschriebene auch selber auslebte, und sie fand ihn sogar weit besser!

Gleich zu Beginn der Konferenz erlebte Murray etwas sehr Schmerzvolles. Er sprach jedoch mit niemandem darüber. Später erfuhr Amy Carmichael dann, daß er seine innere Einstellung zum Leid schriftlich niedergelegt hatte:

„Wenn du über deiner Situation fragend wirst, sage dir folgendes:

1. Gott brachte mich hierher; es ist nach seinem Willen, daß ich mich in dieser schwierigen Lage befinde. Darin will ich ruhen.

2. Gott wird mich hier in seiner Liebe bewahren und mir Gnade geben, mich in dieser Prüfung als sein Kind zu bewähren.

3. Gott wird die Not in Segen verwandeln und mich dadurch eine Lektion lehren, die ich auf keine andere Weise lernen könnte. Er wird in mir die Gnade wirken, die er mir gerade für diese Situation zugedacht hat.

4. Gott kann mich zu seiner Zeit wieder aus der Not herausführen — wie und wann, weiß er allein.

Sage: Ich bin hier —

1. nach Gottes Absicht;
2. unter seinem Schutz;
3. in seiner Schule;
4. solange er will."

Diese Wahrheit ist zeitlos. Gottes Diener begriff die Realität der göttlichen Verheißung aus Psalm 25,9: „Er leitet die Elenden auf den rechten Pfad und lehrt die Elenden seinen Weg."

Gott sagt uns, daß er dem Hochmütigen widersteht, aber dem Demütigen Gnade schenkt. Er ist um diejenigen besorgt, die demütigen Geistes sind und gering von sich denken. Er kümmert sich um die Bescheidenen und Anspruchslosen. Sie sind es, die er lehren und seine Wege führen kann. Doch die Arroganten, Eingebildeten und Stolzen sind ihm zuwider.

Die Verheißung, daß Gott wirklich die Elenden und Demütigen seine Wege lehrt, ist die Antwort auf ihre Bitte: „Herr, zeige mir deine Wege und lehre mich deine Pfade; leite mich durch deine Wahrheit und lehre mich; denn du bist der Gott meines Heils; auf dich harre ich allezeit" (Psalm 25, 4-5).

Menschen, die zerknirscht und nicht streitsüchtig sind, bereit, sich unterzuordnen, selbstlos sowie empfänglich für das Wirken des Heiligen Geistes und nicht eigensinnig, sind in der geistlichen Verfassung, die die Voraussetzung dafür ist, Gottes Willen in den jeweiligen Umständen erkennen zu können.

Die Bibel enthält ernste Warnungen gegen die Härte des hochmütigen Herzens, die es dem Ohr unmöglich macht, auf Gott zu hören. In Psalm 95, 7-8 erinnert uns Gott daran, daß wir „das Volk seiner Weide und die Schafe seiner Hand" sind, und warnt uns, indem er sagt: „Wenn ihr heute seine Stimme höret, so verstocket eure Herzen nicht, wie zu Meriba, am Tage der Versuchung in der Wüste." Die Ermahnung wird im dritten Kapitel des Hebräer-Briefes mehrmals mit einer Ergänzung wiederholt: „Sehet zu, ihr Brüder, daß nicht jemand von euch ein böses, ungläubiges Herz habe, im Abfall begriffen von dem lebendigen Gott; sondern ermahnet einander jeden Tag, solange es 'heute' heißt, damit nicht jemand unter euch verstockt werde durch Betrug der Sünde!" (Hebräer 3, 12-13).

Die Ursache für die Empfindungslosigkeit des inneren Ohres ist also der „Betrug der Sünde".

Wir können nicht eigenwillig und selbstsicher und zur gleichen Zeit offen für die Stimme Gottes sein. Nur die Demütigen und Elenden — solche, die auf die Wege des Herrn achten — werden von Gott geführt.

Unser geistliches Empfindungsvermögen kann auf fast unmerkliche Weise gestört oder gar zerstört werden. Wenn wir durch Undankbarkeit oder Gleichgültigkeit anderer gekränkt sind, wenn wir mißverstanden werden und unsere innere Empörung zur Bitterkeit wird, wenn wir in ein falsches Licht gestellt werden und uns in unserem Ärger zu bösen Worten hinreißen lassen und dabei jemand verwunden, wenn wir ungeduldig mit den Langsamen sind, verdrießlich wegen der Kleinlichkeit unserer Mitmenschen und ärgerlich über ihre Fehler, machen uns diese Reibereien in unserem Inneren unempfindlich, hart und gleichgültig gegenüber Gottes Stimme.

Neid und Haß bringen unsere Gefühlswelt in Unordnung und zerstören unsere Empfänglichkeit für die Stimme des Heiligen Geistes. Im Gegensatz dazu haben diejenigen, die sich selbst erniedrigen und gefügig sind, das hörende Ohr und das gehorsame Herz. Sie haben von dem Demütigen und Sanftmütigen, Jesus Christus, gelernt. Die Ruhe ihrer Seele führt zur Bereitschaft ihres Herzens, sich unterweisen und raten zu lassen.

Die Sanftmütigen werden auf den Wegen Gottes geführt und lernen unterwegs wertvolle Lektionen.

In der Tasche eines unbekannten Soldaten, der während eines Krieges in den USA fiel, wurde folgende Aufzeichnung gefunden:

„Ich bat Gott um Kraft, um Erfolg zu haben — und erhielt Schwachheit, damit ich Demut und Gehorsam lernte.

Ich bat um Gesundheit, um größere Leistungen vollbringen zu können — und ich empfing Krankheit, um Besseres leisten zu können.

Ich bat um Reichtum, um glücklich zu sein — ich erhielt Armut, damit ich weise würde.

Ich bat um Macht, um von den Menschen anerkannt zu werden — ich erhielt Hilflosigkeit, damit ich von Gott abhängig würde.

Ich bat um alles Schöne, um das Leben genießen zu können — ich erhielt das Leben, um alles Schöne genießen zu können.

Ich bekam nicht, um was ich gebeten hatte — aber alles, was ich erhofft hatte. Fast gegen meinen Willen wurden meine unausgesprochenen Gebete erhört.

Ich bin im Vergleich zu anderen besonders reich gesegnet.“

Der Heiland lehrte, daß den geistlich Armen das Himmelreich gehört — es ist in ihrem Herzen. Die Sanftmütigen ererben das Land — das heißt, sie bekommen alles, was sie wirklich brauchen. Und die Barmherzigen werden Barmherzigkeit erlangen. Die, die reinen Herzens sind, schauen Gott in allen Umständen ihres Lebens, und die Friedfertigen sind Gottes Kinder. Menschen dieser Art tut Gott immer seine Wege kund.

3

AUSLIEFERN UND VERTRAUEN

„Vertraue auf den Herrn und tue Gutes, wohne im Lande und übe Treue; und habe deine Lust an dem Herrn, so wird er dir geben, was dein Herz begehrt! Befiehl dem Herrn deinen Weg und vertraue auf ihn, so wird er handeln“ (Psalm 37, 3-5).

Psalm 37, 5 ist der Hauptschlüssel, der alle Verheißungen über die Führung Gottes in unserem Leben aufschließt.

Georg Müller von England hatte gelernt, dem allmächtigen Gott zu vertrauen und zu gehorchen. Seine Lebensgeschichte ist ein beständiges Zeugnis der Treue Gottes, und seine Schriften sind eine bleibende Hilfe für jeden, der Gott kennenlernen möchte.

„Wie erkennen Sie den Willen Gottes in den verschiedenen Lebenslagen?“ wurde Georg Müller eines Tages gefragt.

Nachdem er darüber nachgedacht und gebetet hatte, antwortete er: „Zunächst versuche ich, mein Herz in eine solche Verfassung zu bringen, daß es nicht mehr seinen eigenen Willen durchsetzen will.

Danach überlasse ich das Ergebnis aber nicht einfach dem Gefühl oder irgendeinem Eindruck. Dadurch würde ich mich großen Täuschungen aussetzen.

Drittens suche ich den Willen des Geistes Gottes durch oder in Verbindung mit dem Wort Gottes. Der Geist und das Wort Gottes müssen übereinstimmen. Achte ich nur auf den Geist, ohne Gottes Wort zu lesen, kann ich ebenfalls gefährlichen Täuschungen unterliegen. Wenn der Heilige Geist uns überhaupt leitet, dann nur in Übereinstimmung mit der Heiligen Schrift, aber niemals im Gegensatz dazu.

Als nächstes betrachte ich die äußeren Umstände. Sehr oft können wir daraus Gottes Willen klar erkennen — in Verbindung mit Gottes Wort und seinem Geist.

Fünftens bitte ich Gott, mir seinen Willen direkt zu offenbaren.

Nach Gebet, Bibelstudium und reichlichem Überlegen entscheide ich mich schließlich nach bestem Wissen und Gewissen. Ist mein Herz von Frieden erfüllt und bleibt dieser Friede nach einiger Zeit weiteren Wartens vor dem Herrn, dann handle ich gemäß der gewonnenen Erkenntnis."

Dazu gab Georg Müller ein praktisches Beispiel: Wenn er den Eindruck hatte, er sollte zu einem evangelistischen Einsatz von England, seiner „Adoptivheimat", nach Deutschland, seinem Geburtsland, gehen, legte er die ganze Angelegenheit in Gottes Hand. Wenn große Schwierigkeiten, ja Unmöglichkeiten auftauchten, ließ er sich nicht davon erschüttern. Er war überzeugt: Gottes Wille geschieht in jedem Fall.

Wenn die Schwierigkeiten jedoch überhandnahmen, legte er die ganze Sache beiseite in der Überzeugung, daß sie nicht Gottes Willen entspräche. Friede des Herzens vor Gott sei der entscheidende Prüfstein für die Gewißheit.

Psalm 37, 5 enthält drei grundsätzliche Faktoren der Führung Gottes, die ganz einfach, aber wirkungsvoll sind.

Zuerst geht es um die Übergabe. Das ist ein Vorgang, bei dem wir das Problem vor uns sehen und es endgültig und unwiderruflich dem allmächtigen Gott überlassen. Er lehrt uns in seinem Wort, unser Anliegen auf den Herrn zu werfen, weil er uns versorgen werde (Psalm 55, 23). In 1. Petrus 5, 7 lesen wir ebenfalls: „Alle eure Sorge werfet auf ihn; denn er sorgt für euch!"

Der erste Schritt ist der schwierigste. Georg Müller wußte das und sagte: „Neun Zehntel aller Schwierigkeiten sind überwunden, wenn unsere Herzen bedingungslos bereit sind, Gottes Willen zu tun, worum immer es sich auch handeln mag.“ Übergabe heißt ganz einfach, sich von dem Problem oder Anliegen lösen und es Gott überlassen.

Es ist etwa so, als wenn man einen Brief in den Briefkasten wirft. Der Inhalt des Briefes kann für uns äußerst wichtig sein. Vielleicht ist er so dringend, daß wir postwendend eine Rückantwort erwarten. In jedem Fall ist uns aber klar, daß der Brief nicht befördert werden kann, wenn wir ihn nicht völlig der Post und ihren Bestimmungen überlassen. Wir können den Brief weder sehen noch zurückhalten, nachdem wir ihn einmal der Post übergeben haben.

Der zweite Faktor heißt „Vertrauen“. Das ist eine Haltung, die einfach auf die Übergabe folgt. Wenn wir den Brief aufgegeben haben, können wir ganz ruhig sein: Die zuständigen Personen werden sich bemühen, den Brief ordnungsgemäß zu befördern. Es besteht kein Grund zur Sorge.

Ich erinnere mich in diesem Zusammenhang an das Zeugnis eines Geschäftsmannes. Er erzählte von seinen Befürchtungen, als er seine Brieftasche mit den Tageseinnahmen seines Lebensmittelgeschäftes zur Bank brachte. Die Straße war dunkel und ziemlich einsam. Es bestand die Gefahr, von Räubern überfallen zu werden. Als der Geschäftsmann jedoch das Geld in den Nachttresor seiner Bank geworfen hatte, fühlte er sich ungemein erleichtert. Bei der Bank waren seine Einnahmen sicher. Warum sollte er sich also auf dem Heimweg Sorgen um sein Geld machen?

Nachdem wir eine Angelegenheit Gott völlig überlassen haben, können wir gewiß sein, daß sie in seiner Hand gut aufgehoben ist. Er vermag zu seiner Zeit und auf seine Weise „weit mehr zu tun, als wir bitten oder verstehen".

Es wäre doch dumm, nachdem wir einen Brief in den Briefkasten geworfen haben, zurückzugehen und zu warten, bis ihn der Postbeamte herausholt und befördert. Krankhaftes Mißtrauen könnte man ein solches Verhalten nennen.

Wäre es von jenem Geschäftsmann nicht auch töricht gewesen, wenn er die ganze Nacht in der Nähe der Bank verbracht hätte, um sich zu vergewissern, daß sein Geld im Tresor auch wirklich ganz sicher sei? „Das ist der Gipfel der Dummheit", würden wir kopfschüttelnd sagen.

Und doch sind manche von uns immer noch über eine Sache beunruhigt, wenn wir sie angeblich Gott überlassen haben.

Es besteht tatsächlich die Möglichkeit, einen kleinen Zipfel unseres Problems festzuhalten und es nicht restlos Gott auszuliefern. Solange wir den Brief noch selbst in der Hand halten, kann er nicht befördert werden. Ebenso werden wir auch keine göttliche Führung erleben, wenn wir die Angelegenheit nicht völlig in Gottes Hand legen.

Der dritte Faktor bezieht sich ausschließlich auf Gott. Der Vorgang der Übergabe und die Haltung des Glaubens liegen im Bereich unserer Verantwortung. Das Handeln danach ist Gottes Sache. „Er wird handeln" (Psalm 37,5). Der Urtext lautet: „Und er wirkt."

Wie wird Gott mit der Angelegenheit, die ich ihm völlig überlassen habe, fertig werden? Wann wird die Antwort kommen? Wen wird Gott dazu gebrauchen, mein Gebet zu erhören? Wohin wird er mich als Antwort auf mein Gebet führen? Auf welche Weise wird mein Problem gelöst werden? Wird die Antwort schnell oder langsam eintreffen? Wird sie ohne weiteres als Antwort zu erkennen sein?

Was für törichte Fragen können doch in uns aufsteigen! Solche und ähnliche Fragen sind ganz nebensächlich. Gott hat tausend, zehntausend, nein unzählige Weisen, Gebete zu erhören, Möglichkeiten, die unsere Vorstellungskraft weit übersteigen. An uns ist es, zu vertrauen, nachdem wir ihm alles übergeben haben. Handeln wird dann er.

Ein englisches Gedicht lautet etwa so: „Sage nicht, meine Seele: 'Woher soll meine Hilfe kommen?' Denke daran, daß der allmächtige Gott überall seine Diener hat. Seine Hilfe ist immer sicher, seine Methoden meist unerwartet. Verzögerungen läutern unser Verlangen, Überraschungen haben einen besonderen Reiz. Gottes Weisheit und Liebe sind über alles erhaben. Gott eilt der Zeit nie voraus, bleibt aber auch nie hinter ihr zurück. Trägst du sie für Gott — sollte er dann versagen und dich im Stich lassen?"

Hier liegt das Geheimnis der Führung Gottes in unserem Leben: Wir müssen uns und unsere Angelegenheiten völlig ihm übergeben und im Vertrauen auf Gott ruhen. Dann wird er zu seiner Zeit und auf seine Weise handeln, wobei er stets nur unser Bestes im Auge hat.

Nichts ist der Ruhe des Herzens vergleichbar, das Gott alles überläßt, ihm vertraut, gehorcht und furchtlos in Geduld und dankbarer Erwartung Gott die Ehre gibt.

4

GEDULD

„Denn Ausdauer tut euch not, damit ihr nach Erfüllung des göttlichen Willens die Verheißung erlanget" (Hebräer 10, 36).

Der Zweck eines Abstellgleises ist für die Reisenden nicht sofort erkennbar. Angenommen, wir machen eine weite Reise mit dem Zug. Wir genießen die Bequemlichkeiten im Zug, die Aussicht und alles, was eine solche Reise bieten kann. Wir verlassen uns darauf, daß wir fahrplanmäßig ankommen, und kümmern uns nicht um nähere Zusammenhänge.

Plötzlich aber verlangsamt der Zug seine Geschwindigkeit. Wir schauen aus dem Fenster, entdecken weit und breit weder einen Bahnhof noch ein Dorf. Warum muß der Zug hier halten? Wozu vergeudet er kostbare Zeit, die zur Verspätung führen könnte? Schließlich kommt er ganz zum Stehen, auf einer Strecke, die keinerlei interessante Sehenswürdigkeiten zu bieten hat. Wir finden keine Erklärung.

Doch dann beobachten wir, daß der Zug auf einem Abstell- oder Nebengleis einen entgegenkommenden Zug vorbeifahren lassen muß. Jetzt verstehen wir die scheinbare Verzögerung! Offensichtlich war das Abstellgleis an diesem Ort eingeplant, damit die Züge aus entgegengesetzter Richtung gefahrlos vorbeisausen könnten. Ohne ein solches Abstellgleis käme es unweigerlich zum Zusammenstoß. Die Folgen wollen wir uns lieber nicht ausmalen!

Auch das Leben hat seine Abstellgleise — und zwar aus gutem Grund. Die Frage ist nur, ob wir ihren Wert erkennen, ob wir in Geduld warten oder mit Volldampf leichtsinnig weiterrasen. Abstellgleise des Lebens sind von Gott in seiner Weisheit eingeplant.

Der Psalmist bekennt: „Aber ich vertraue auf dich, o Herr; ich habe gesagt: „Du bist mein Gott! In deiner Hand sind meine Zeiten …" (Psalm 31, 15-16).

An einer anderen Stelle versichert uns Gottes Wort: „Denn also spricht der Herr: Meine Gedanken sind nicht eure Gedanken, und eure Wege sind nicht meine Wege; sondern so hoch der Himmel über der Erde ist, so viel höher sind meine Wege als eure Wege und meine Gedanken als eure Gedanken" (Jesaja 55, 8-9).

Die Verzögerung bestimmter Lebensentscheidungen dient zu unserem Besten. Gottes Absichten mögen uns nicht sofort einleuchten, aber sie sind wirklich in unserem Interesse. Gott bestätigt uns in seinem Wort: „Denn ich weiß, was für Gedanken ich über euch habe, spricht der Herr, Gedanken des Friedens und nicht des Leides, euch eine Zukunft und eine Hoffnung zu geben" (Jeremia 29,11).

Wenn uns die Verzögerung auf dem Abstellgleis völlig unnötig erscheinen mag, so laßt uns das bekannte Wort aus Römer 8, 28 zitieren: „Wir wissen aber, daß denen, die Gott lieben, alles zum Besten mitwirkt …"

Wir wollen versuchen, die gleiche Gewißheit zu haben wie der Apostel Paulus im Gefängnis in Rom, als er schrieb: „Ich will aber, Brüder, daß ihr wisset, wie alles, was mir begegnet ist, nur mehr zur Förderung des Evangeliums ausgeschlagen hat" (Philipper 1, 12).

Ruhe und Stille sind in einer solchen Zeit weitaus besser als fieberhafte Aktivität.

„Nur Arbeit war sein Leben …" — wie oft lesen wir diesen Satz auf den Grabsteinen vielbeschäftigter Leute, die sich keine Zeit zur Ruhe nahmen, auch nicht, als sie durch Schmerzen oder Krankheit gewarnt worden waren.

Aber es gibt auch andere Beispiele. Ich denke da an einen der kraftvollsten Hochschullehrer, die ich je gekannt habe, einen, der bis in seine siebziger Jahre noch Vorlesungen hielt. Für eine Zeit von fünf Jahren, nachdem er seine Doktorarbeit abgeschlossen hatte, gab es auch für ihn ein zunächst ungewolltes, aber doch wohlweislich von Gott eingeplantes Abstellgleis: Aus gesundheitlichen Gründen ließ er sich bei einer Gruppe von Streckenarbeitern des Telefonbaues einstellen. Fünf Jahre körperlicher Arbeit an der frischen Luft stellten seine Gesundheit völlig wieder her. In dieser Zeit hatte er für die Jahrzehnte erfolgreicher Tätigkeit, die ihm noch bevorstanden, Energie gesammelt. Im Vergleich zu seiner langen Lehrtätigkeit bedeutete die Zeit von fünf Jahren auf dem Abstellgleis nur eine relativ kurze Zeit.

Der Psalmist kannte diese Wahrheit auch aus Erfahrung und schrieb: „Du hast deinem Knechte wohlgetan, Herr, nach deinem Wort ... Ehe ich gedemütigt ward, irrte ich, nun aber befolge ich dein Wort... Herr, ich weiß, daß deine Verordnungen gerecht sind und daß du mich in Treue gedemütigt hast“ (Psalm 119, 65.67.75).

Auf dem Nebengleis, wenn wir beiseite genommen werden, lernen wir Geduld. Wir fangen an, die Verse aus Jakobus 1, 2-4 zu verstehen: „Meine Brüder, achtet es für lauter Freude, wenn ihr in mancherlei Anfechtungen geratet, da ihr ja wisset, daß die Bewährung eures Glaubens Geduld wirkt. Die Geduld aber soll ein vollkommenes Werk haben, damit ihr vollkommen und ganz seiet und es euch an nichts mangele.“

Auf dem Nebengleis wird der Lokführer nicht ungeduldig pfeifen. Und auch wir sollten in entsprechender Situation nicht aus der Haut fahren. Es wäre sinnlos, auszusteigen und einfach loszumarschieren oder vielleicht zu versuchen, den Zug anzuschieben oder im Gang ärgerlich auf und ab zu laufen. Ebenso sinnlos wäre es, schmollend dazusitzen, weil wir nicht vom Fleck kommen, oder gar den Lokführer zu beschuldigen, daß er Zeit vergeude.

Sehen wir die Sache doch positiv: Im stehenden Zug kann man viel besser lesen oder nachdenken als im fahrenden!

Auch hier wollen wir auf den Psalmisten hören: „Es war gut für mich, daß ich gedemütigt wurde, auf daß ich deine Satzungen lernte" (Psalm 119, 71).

Der Aufenthalt auf dem Nebengleis dauert nicht endlos. Das Nebengleis ist keineswegs Ziel der Strecke; die Reise hört dort nicht auf. Ist die Gefahr durch den entgegenkommenden Zug vorbei, wird das Signal zur Weiterfahrt gegeben. Der Zweck der Unterbrechung ist erreicht. Tatsächlich haben wir durch den Stillstand keine Zeit verloren und können nun ungehindert und ohne Furcht weiterreisen.

So kommt dann der Augenblick, wo Gott — wie damals zu seinem Volk — sagen wird: „Ihr seid lange genug an diesem Berge gewesen! Wendet euch nun und ziehet weiter" (5. Mose 1, 6-7).

Manchmal ist der Aufenthalt auf einem Nebengleis unseres Lebens relativ kurz, manchmal dauert er länger. Nachdem Jesus im Jordan getauft war, verbrachte er vierzig Tage in der Wüste, bevor er seinen Dienst in der Öffentlichkeit begann. Der Apostel Paulus war drei Jahre in der Wüste von Arabien. Gerade diese scheinbar vergeudete Zeit brachte ihm eine besonders innige Beziehung zum Herrn und ein klares Verständnis des Evangeliums ein (Galater 1, 11-18).

Joseph verbrachte ungefähr vierzehn Jahre als Sklave

und später als Gefangener in Ägypten, obwohl er völlig unschuldig war. Die Bibel lehrt uns, daß es die göttliche Vorsehung war, die Joseph nach Ägypten brachte, und daß alles, was Gott in seinem Leben zuließ, zur „Lebensrettung" Israels mitwirkte (1. Mose 45, 5; Psalm 105, 17-20). Die Zeit auf dem Abstellgleis seines Lebens dauerte so lange, bis Gottes Wort und seine Absicht erfüllt waren.

Wenn wir uns daher in unserem Leben auf einem Abstellgleis befinden, laßt uns geduldig und voller Zuversicht warten. „Seid stille und erkennet, daß ich Gott bin" (Psalm 46, 11). Immer noch gilt Gottes Prinzip: „Durch Umkehr und Ruhe könnt ihr gerettet werden, im Stillesein und im Vertrauen liegt eure Stärke" (Jesaja 30, 15). Die Umgebung des Nebengleises ist möglicherweise uninteressant, aber eines werden wir dort in jedem Fall erfahren: „Die aber auf den Herrn harren, kriegen neue Kraft" (Jesaja 40, 31).

Das Nebengleis ist nicht das Ende der Strecke, nicht das Ziel. Aber es bewahrt uns vor Gefahren. Dort wird unser ruheloser Geist auf eine gesunde Weise erzogen, bis wir freudig unseren Weg fortsetzen können.

5

IN DER DUNKELHEIT

„Und ob ich schon wanderte im finstern Todestal, fürchte ich kein Unglück; denn du bist bei mir, dein Stecken und dein Stab, die trösten mich!" (Psalm 23, 4)

Ein Tunnel auf einer Eisenbahnstrecke ist zu einem ganz bestimmten Zweck eingeplant. Es ist kein Zufallsprodukt. Die „Tunnelerfahrungen" im Leben eines Christen sind ebenfalls nicht zufällig und auch nicht ungewöhnlich.

Plötzlich oder allmählich, wie beispielsweise in einem Europa-Expreß, der durch bergiges Land fährt, kommen wir an einen dunklen Ort, einen Tunnel. Wie im Zug ist es uns bewußt, daß wir uns vorwärtsbewegen, obwohl äußerlich davon nichts sichtbar ist. Wir empfinden nur die Finsternis und hören vielleicht einige Geräusche. Für den Reisenden bedeutet der Tunnel keinerlei Grund zur Aufregung oder Angst. Es ist ihm klar, daß der Tunnel einen bestimmten Zweck erfüllt: Es ist der einfachste Weg, um durch die Berge zu kommen. Deshalb ist der Tunnel auch der beste Weg. Wenn die Eisenbahn durch einen Berg hindurchfahren kann, gewinnt sie viel Zeit. Es wäre äußerst mühsam und kompliziert, einen hohen Paß überwinden zu müssen. Die Tunnelstrecke ist demnach der kürzeste und sicherste Weg. Keineswegs ist ein Tunnel nur eine Nebensache oder gar mit einer Sackgasse zu vergleichen, die nirgendwo hinführt. Früher oder später, je nach Länge des Tunnels, gelangt der Zug wieder ins Sonnenlicht, und die Reisenden genießen die Aussicht auf Berge und Täler, Wälder und Flüsse, Straßen und liebliche Wiesen um so mehr. Eigentlich war der Tunnel nur eine kurze Unterbrechung zwischen dem vergangenen und gegenwärtigen Sonnenschein.

So besteht auch die Möglichkeit, sich im Zentrum von Gottes Willen zu befinden und trotzdem für eine gewisse Zeit im Dunkeln zu gehen, ohne irgendein Licht vom Herrn zu haben.

Natürlich kann Dunkelheit auch das Ergebnis unseres Ungehorsams sein. Der Herr Jesus selbst hat uns gelehrt, daß er das Licht der Welt ist und daß die, die ihm nachfolgen, nicht in der Finsternis wandeln, sondern das Licht des Lebens haben (Johannes 8, 12). Ihm zu folgen heißt, in seinem Licht zu wandeln. Ihm voranzulaufen bedeutet, in unserem eigenen Schatten zu gehen und allen Gefahren des Stolperns und Fallens ausgesetzt zu sein. Auch könnten wir den Weg verfehlen, den wir vielleicht einschlagen sollten. Es ist wirklich wahr, daß Gottes Wort unseres Fußes Leuchte und ein Licht auf unserem Wege ist (Psalm 119, 105). So, wie eine kleine Taschenlampe an einem dunklen Ort hell scheint, so gibt uns eine einzige Verheißung des Herrn ausreichendes Licht für den nächsten Schritt oder für eine bestimmte Situation.

Aber es gibt auch eine Erziehung durch die Finsternis, die unser treuer Herr beabsichtigt, um uns „verborgene Schätze" zu zeigen, die wir im Licht nie erfahren könnten (Jesaja 45, 3).

Annie Johnson Flint drückte diesen Gedanken in ihrem Gedicht „Die erhörten Gebete" so aus: „Ich betete um Licht, doch die Sonne ging in den Wolken unter, und der Mond war durch neblige Zweifel verdunkelt. Die Sterne des Himmels verschwammen in der Angst dieser Welt. Auch mein kleines Kerzenlicht ging aus. Doch während ich im Schatten saß, eingehüllt in die Nacht, erhellte das Angesicht Jesu meine Finsternis. Ich betete um Frieden und träumte von behaglicher Ruhe, von einem Schlummer, der mich meine Schmerzen vergessen ließ, von friedevoller Rast. Doch die Wolken über mir ballten sich zu einem heftigen Sturm zusammen, und heftiger wurde der Angriff meiner Feinde. Während der Kampf jedoch wütete und der Sturm brauste, hörte ich Jesu Stimme und erfuhr seinen vollkommenen Frieden."

Befinden wir uns wegen unseres Ungehorsams in der Finsternis, liegt unsere einzige Hilfe darin, zum Herrn zurückzukehren. Dann werden wir ihn neu als unser Licht und unser Heil finden. Wenn wir in seinem Willen und trotzdem in der Dunkelheit sind, müssen wir einfach weitergehen, genauso wie sich der Zug durch den Tunnel fortbewegt. Ein Tunnel erfüllt nämlich nicht den gleichen Zweck wie ein Abstell- oder Nebengleis. Ich habe noch nie einen Tunnel auf einem Abstellgleis gesehen.

Während der Gläubige langsam, aber beständig vorwärtsgeht, mitten durch den Tunnel des düsteren Alltags hindurch, wird er durch den Bibeltext aufgefordert, „auf den Namen des Herrn zu vertrauen und sich an seinen Gott zu halten" (Jesaja 50, 10).

Unser Herr hat viele Namen. Einer der kostbarsten ist Jehovah-ra-ah, das heißt: „Der Herr ist mein Hirte" (Psalm 23, 1). Unser Hirte wird seinen Weg niemals verfehlen. Er ist mit uns im Tal und im Tunnel. Weder die Wüste noch die Dunkelheit noch irgendeine Schwierigkeit können ihn in Verlegenheit bringen. Sein Name ist Ausdruck seines Charakters. Wenn wir über ihn nachdenken, wird unser Verstand erleuchtet und unser Glaube gestärkt.

Von den Gottesfürchtigen, die in Zeiten geistlicher Finsternis und geistlichen Abfalls lebten, wird berichtet: „Da besprachen sich auch die Gottesfürchtigen miteinander, und der Herr merkte darauf und hörte es, und ein Gedenkbuch ward vor ihm geschrieben für die, welche den Herrn fürchten und seinen Namen hochachten" (Maleachi

3, 16). Und in Vers 17 wird ihnen eine große Befreiung verheißen.

Ein anderer Name Gottes ist Jehovah-jireh, was bedeutet: „Der Herr wird sorgen“ (1. Mose 22, 14). In einer Zeit außergewöhnlicher geistlicher Anspannung und Finsternis erfuhr Abraham die Wahrheit dieses großen Namens Gottes. Wenn wir dem Herrn gehorchen und zaghaft in der Dunkelheit vorangehen, fragen wir uns selbst wohl oft: „Wie wird Gott in dieser Not für mich sorgen?“ Diese Frage ist wirklich ganz unnötig. Es ist für uns nicht von Bedeutung zu wissen, wie Gott helfen wird; wir brauchen lediglich zu wissen, wer für uns sorgt. Solange wir den kennen, der es tun wird, brauchen wir uns nicht den Kopf zu zerbrechen oder uns zu beunruhigen, wie Gott wohl eingreifen wird. Seine Wege sind immer höher als unsere Wege, so hoch wie der Himmel über der Erde ist (Jesaja 55, 9). Laß Gott Gott sein und laß ihn für sich handeln, so wie er es für richtig hält, und du wirst staunen, wie wunderbar er alles hinausführen wird!

Wir sollen auf Gott harren, das heißt unbeweglich, unerschütterlich und ohne Furcht auf ihn vertrauen. Er, der uns bisher geleitet hat, wird auch jetzt nicht versagen. Es ist für ihn eine Freude, wenn wir ihm vertrauen, selbst wenn wir ihn im Augenblick nicht verstehen. In der Dunkelheit sollen wir beten und in Geduld unbeirrt weitergehen in dem Bewußtsein, daß die Dunkelheit nicht für immer anhält. Mit Ausdauer müssen wir das Ziel anstreben, sogar in der Dunkelheit, und nicht stillstehen, aufgeben oder gar umkehren.

Im „Tunnel“ können wir in der Zuversicht bestärkt werden, daß dies der richtige Weg ist. Es ist der Weg, den Gott für uns ausgesucht hat. Und dieser Weg führt ohne Zweifel ans Ziel. Im Tunnel gibt es keinen Kreisverkehr und auch keine Sackgassen.

Wenn wir im Dunkeln mutig voranschreiten, machen wir Fortschritte. Tag für Tag kommen wir ein Stück weiter. Unser „Tunnel“ wird dann ein Ort des Sieges und Lobpreises und nicht ein Ort der Angst und der Verzweiflung.

Joseph ging während seiner vierzehn Jahre als Sklave und Gefangener in Ägypten durch einen langen „Tunnel“. Manche „Tunnelstrecken“ des Lebens können ebenso lang sein, andere sind wesentlich kürzer. Daniel befand sich zum Beispiel nur eine Nacht in der Löwengrube, und bei Tagesanbruch wurde das volle Ausmaß der Bewahrung und Fürsorge Gottes offenbar.

Der Tunnel ist dazu da, daß wir hindurchgehen, und der Herr verheißt: „Ich will bei dir sein“ (Jesaja 43, 2).

6

IN GEFAHR

„Wer unter euch fürchtet den Herrn, ist gehorsam der Stimme seines Knechtes? Wenn er im Finstern wandelt und ihm kein Licht scheint, so vertraue er auf den Namen des Herrn und halte sich an seinen Gott! Sehet aber zu, ihr alle, die ihr ein Feuer anzündet und euch mit feurigen Pfeilen wappnet, sehet hin in die Flamme eures eigenen Feuers und in die feurigen Pfeile, die ihr angezündet habt! Solches widerfährt euch von meiner Hand, daß ihr in Schmerzen liegen müßt" (Jesaja 50, 10-11).

Jesaja 50,10 ist eine der großen, wunderbaren Verheißungen des Herrn für seine Kinder, die durch Anfechtungen gehen. Sie lehrt uns, daß wir in der Dunkelheit niemals an dem zweifeln sollen, was uns Gott im Licht gesagt hat. Weiter zeigt sie uns, daß wir dem Herrn gehorchen, ihm grenzenlos vertrauen und auch in der Dunkelheit unbeirrt weitergehen sollen.

Vers 11 ist ebenso wichtig, obwohl dieser Vers oft übersehen wird. Er stellt einen Imperativ dar, eine dringende Warnung, kein eigenes Feuer anzuzünden, wenn wir uns im Dunkeln befinden. Manche haben gedacht, diese Stelle — „Sehet hin in die Flamme eures eigenen Feuers und in die feurigen Pfeile, die ihr angezündet habt" — sei unklar oder stehe sogar in keiner Verbindung mit Vers 10. In Wirklichkeit ist Vers 10 eng mit Vers 11 verbunden. Der eine Vers ist wesentlicher Bestandteil des anderen.

In der Dunkelheit, die wir in unserem geistlichen Leben erfahren, können wir Gott begegnen. Er spricht sowohl im Dunkel als auch im Licht. Der Herr Jesus ermahnte uns:

„Was ich euch im Finstern sage, das redet am Licht, und was ihr ins Ohr höret, das prediget auf den Dächern" (Matthäus 10, 27). In der Dunkelheit sollen wir aufmerksam zuhören und solange nicht selbst reden, bis wir wieder im Licht sind.

Während uns dunkle Schatten umgeben, sind wir versucht, unkontrolliert zu reden. Die Seele, die keine klare Sicht hat, weil alles um sie herum dunkel ist, steht in der Gefahr, töricht zu murren und zu klagen. Wenn sich ein Kind Gottes im tiefen Schatten, unter der Wolke Gottes, befindet, soll es weitergehen, aber nicht laufen, umkehren oder stehenbleiben.

Die Dunkelheit ist kein Problem für den Herrn. Deutlich sagt die Heilige Schrift: „So ist auch die Finsternis nicht finster für dich, und die Nacht leuchtet wie der Tag; Finsternis ist wie das Licht" (Psalm 139, 12). Auf dunklen Wegen laßt uns an die tröstende Zusicherung aus Psalm 138, 7 denken: „Wenn ich die größte Gefahr laufe, so wirst du mich am Leben erhalten; gegen den Zorn meiner Feinde wirst du deine Hand ausstrecken, deine Rechte wird mich retten."

Die Finsternis, die sich über unseren Geist legt, mag durch die unerklärliche Verzögerung einer dringend benötigten Hilfe hervorgerufen sein. Finsternis kann auch entstehen, wenn wir durch andere enttäuscht werden. Nach außen geben wir zwar nicht zu, von Gott enttäuscht zu sein, aber solche Gefühle können leicht in uns Raum gewinnen. In der Dunkelheit, die durch eine Verzögerung oder eine Enttäuschung verursacht wurde, müssen wir uns immer wieder daran erinnern, daß wir mit Gott voranzugehen haben und uns vor der „Flamme unseres eigenen Feuers" zu hüten haben. Tun wir das nicht, werden wir „in Schweigen liegen müssen".

Die traurige Erfahrung des Königs Saul ist in dieser

Hinsicht für uns sehr lehrreich. In 1. Samuel 13 lesen wir über die Bedrängnis, in die König und Volk durch die grausamen Feinde geraten waren. Nun schauten sie sehnsüchtig nach Hilfe durch den Propheten Samuel aus. Eine Woche lang wartete der König auf den Mann Gottes, aber er kam nicht zur versprochenen Zeit. Unter starkem Gemütsdruck befahl der König dann, das Opfer auf den Altar zu legen, und er selbst opferte das Brandopfer. Dies war ihm jedoch nicht erlaubt, da diese Handlung das Vorrecht der Priester war. Aber der König meinte, nicht länger warten zu können, und ergriff selbst die Initiative. Seine Handlung offenbarte seinen mangelnden Glauben an Samuel und an Gott, ebenso aber auch seine fehlende Ehrfurcht vor dem allmächtigen Gott.

Kaum hatte er das Opfer gebracht, da kam Samuel und fragte: „Was hast du getan?“ Der König versuchte, sich zu rechtfertigen, und erklärte: „Als ich sah, daß das Volk sich von mir zerstreute und daß du nicht zur bestimmten Zeit kamst und daß die Philister zu Michmas versammelt waren, da sprach ich: Nun werden die Philister zu mir nach Gilgal herabkommen, und ich habe das Angesicht des Herrn noch nicht erbeten; da wagte ich's und opferte das Brandopfer“ (1. Samuel 13, 11-12).

Wegen der durch die Verzögerung hervorgerufenen Dunkelheit traf er eine folgenschwere Entscheidung. Der Mann Gottes mußte dem König sagen: „Du hast töricht gehandelt, daß du das Gebot des Herrn, deines Gottes, das er dir geboten, nicht gehalten hast; denn sonst hätte er dein Königtum über Israel auf ewig bestätigt. Nun aber wird dein Königtum nicht bestehen. Der Herr hat sich einen Mann ausgesucht nach seinem Herzen; dem hat der Herr geboten, über sein Volk Fürst zu sein, weil du nicht gehalten hast, was dir der Herr gebot!“ (1. Samuel 13, 13-14).

Die Dunkelheit in Sauls Leben war von Gott zugelassen worden, um den Charakter des Königs zu prüfen — und er versagte jämmerlich. Und das erklärt auch die Prüfung durch Wolken und Dunkelheit, durch die du vielleicht jetzt gerade gehst. Aber du kannst die Prüfung bestehen, indem du in der Dunkelheit unbeirrt vorwärtsgehst, im Gehorsam und Vertrauen auf Gott. Du machst Gottes Plan zunichte, indem du eine Entscheidung erzwingst oder, um im Bild des erwähnten Bibelverses zu bleiben, durch die Funken des Eigenwillens ein Feuer anzündest.

Einen Gegensatz dazu bildet die Erfahrung des Apostels Paulus in 2. Korinther 2, 12-13: „Als ich aber nach Troas kam für das Evangelium Christi und mir eine Tür offenstand im Herrn, hatte ich gleichwohl keine Ruhe in meinem Geist, weil ich meinen Bruder Titus nicht fand; sondern ich nahm Abschied von ihnen und reiste nach Mazedonien." Gottes Diener war ernstlich um das Wohlergehen des Titus, seines Mitarbeiters, besorgt. Es gab keine Erklärung, warum Titus seine Verabredung nicht eingehalten hatte. Paulus sorgte sich nicht um sich selbst oder beschwerte sich gar über seinen jungen Bruder in Christus. Wichtiger war, daß es für Jesus viel zu tun gab. Ruhig und mit dem Frieden Gottes im Herzen, nicht unter dem Druck und dem Einfluß des Feindes, ging Paulus nach Mazedonien. Er hatte gelernt, seine Zuversicht allein auf Gott zu setzen, der dafür sorgt, daß denen, die ihn lieben, alles zum Guten mitwirkt. Darum konnte er auch bekennen: „Gott aber sei Dank, der uns allezeit in Christus triumphieren läßt und den Geruch seiner Erkenntnis durch uns an jedem Orte offenbart!" (2. Korinther 2,14).

Unser eigenes Herz, nicht die Finsternis, ist das größte Gefahrenelement. Wenn wir bereit sind, auf Gottes Wegen zu wandeln, sei es auch in der Dunkelheit, und auf sein Licht zu warten, werden wir seine nie versagende Treue und

Güte erfahren. Der Prophet Micha wußte das und konnte sagen: „Ich aber will nach dem Herrn ausschauen, will harren auf den Gott meines Heils; mein Gott wird mich hören. Freue dich nicht über mich, meine Feindin, denn ob ich auch gefallen bin, so stehe ich wieder auf; ob ich auch in der Finsternis sitze, so ist doch der Herr mein Licht!" (Micha 7, 7-8). Sollte die Finsternis aber auf unseren Ungehorsam zurückzuführen sein, so können wir mit dem Propheten sprechen: „Des Herrn Zorn will ich tragen — denn ich habe wider ihn gesündigt —, bis er meine Sache ausführt und mir Recht schafft; er wird mich ans Licht herausführen, daß ich mit Lust seine Gerechtigkeit schaue" (Micha 7, 9).

Der Psalmist wußte auch um diese Wahrheit, wenn er sagte: „Den Redlichen geht ein Licht auf in der Finsternis, gnädig, barmherzig und gerecht" (Psalm 112, 4).

Gott wird zu seiner Zeit und auf seine Weise, keinen Augenblick zu spät, selbst zum Licht und zur Erlösung für die vertrauende Seele, die es ablehnt, ein eigenes Feuer inmitten der Finsternis anzuzünden. Ein solcher Mensch wird freudig aufwärts schauen und nicht „in Schmerzen liegen".

7

GOTTES FÜHRUNG

„Nach dem Gebot des Herrn brachen die Kinder Israel auf, und nach dem Gebot des Herrn lagerten sie sich; solange die Wolke auf der Wohnung blieb, solange lagen sie still“ (4. Mose 9, 18).

Soll ich jetzt eine Pause machen und auf weitere Anweisungen Gottes warten? Oder soll ich weitergehen? Muß ich für unbestimmte Zeit an meinem jetzigen Ort und in meinen augenblicklichen Umständen bleiben? Wenn ja, wie lange? Darf ich im Glauben vorwärts gehen, in dem Wissen, daß der, der bisher mit mir war, mich auch weiterhin leiten wird, selbst dann, wenn kein Weg in Sicht ist? Soll ich langsam gehen oder wegen der Dringlichkeit der Angelegenheit schnell laufen?

In Sprüche 3, 5-6 werden uns praktische Hinweise mit einer großen Verheißung auf derartige Fragen gegeben: „Vertraue auf den Herrn von ganzem Herzen und verlaß dich nicht auf deinen Verstand; erkenne ihn auf allen deinen Wegen, so wird er deine Pfade ebnen.“

Ein weiteres Wort dieser Art steht in Sprüche 4, 11-12: „Ich will dich den Weg der Weisheit lehren, dich leiten auf gerader Bahn. — Gehst du, so wird dein Schritt nicht gehemmt, und wenn du läufst, so wirst du nicht straucheln.“

Aber wie kann ich erkennen, was ich gerade jetzt tun soll? Gott hat versprochen, unser Führer zu sein. Seine Aufgabe ist, uns zu leiten, unsere, ihm zu folgen. Doch der völlige Gehorsam und Glaube in der Nachfolge des Herrn läßt sich nicht in einem Augenblick, in einem Monat oder noch längerer Zeit lernen. Es braucht ständige Erfahrungen über längere Zeit hin.

Die Lektion in 4. Mose 9 und 10 kann uns eine große Hilfe sein: Die Kinder Israel zogen in ein für sie unbekanntes Gebiet. Sie waren nicht vertraut mit der riesigen Wüste zwischen ihnen und dem verheißenen Land. Aber Gott hatte ihnen die Verheißung seiner Fürsorge und seines Schutzes in Form der Wolken- und Feuersäule gegeben. Während der ganzen Reise ging diese Wolken- und Feuersäule vor ihnen her. Sie verkörperte die Gegenwart Gottes inmitten seines Volkes. Am Tag spendete sie ihnen Schatten vor der brennenden Sonne, und in der Nacht leuchtete sie ihnen.

Heute hat das Volk Gottes keine solche äußeren, sichtbaren Zeichen und Beweise göttlicher Gegenwart wie damals das Volk Israel. Doch wir haben die Person des Heiligen Geistes als unseren Führer. Jesus versprach, uns den Heiligen Geist als ständigen Begleiter zu senden. Wir müssen mit der gleichen Beharrlichkeit und Zuversicht auf ihn schauen, wie Israel auf die Wolken- und Feuersäule schaute.

Im Christenleben gibt es zuweilen Zeiten des Verweilens, des Ausruhens und Abwartens. Oft wissen wir nicht, wie lange wir an unserem jetzigen Ort und in den augenblicklichen Umständen bleiben sollen. Wir brauchen das auch nicht zu wissen. Israel blieb jeweils so lange an einem Ort, bis sich die Wolke erhob und sie weiterführte. Das wird in 4. Mose 9, 19-20 berichtet: „Und wenn die Wolke viele Tage lang auf der Wohnung verharrte, so beachteten die Kinder Israel den Wink des Herrn und zogen nicht. Und wenn es vorkam, daß die Wolke nur etliche Tage auf der Wohnung blieb, so lagerten sie sich doch nach dem Gebot des Herrn und zogen nach dem Gebot des Herrn."

Weshalb sie manchmal nur einen oder zwei Tage bleiben

sollten, ein anderes Mal aber eine Woche, einen Monat oder noch länger, mag ihnen klar oder unklar gewesen sein. Die Ursache war für sie völlig ohne Bedeutung. Wichtig war allein der Gehorsam. Das gilt auch für uns. Wenn uns Gott an einem bestimmten Ort in eine besondere Verantwortung gestellt hat, sollen wir ihm gerade dort treu sein. Ruhelosigkeit ist eine große Gefahr für den Gehorsam und unser geistliches Leben.

Angenommen, unsere äußeren Umstände sind alles andere als angenehm, und der Ort entspricht in keiner Weise unseren Vorstellungen, das Klima ist schlecht zu ertragen, das Einkommen dürftig, und die Leute um uns her stehen unserem Dienst gleichgültig gegenüber. Da gilt es an diesem Ort, den der Herr für uns ausgesucht hat, auszuhalten, bis er selbst uns in seiner Treue einen anderen Platz anweist. Kritik und Auflehnung gegen unsere äußeren Umstände veranlassen uns zu den schwerwiegendsten Fehlern, zu voreiligen Entscheidungen, die wir hinterher bereuen. Für uns wie auch einst für Israel bleibt die Tatsache bestehen, daß wir nur im Zentrum des Willens Gottes sicher und geborgen sein können. Wir sollen dort bleiben, wo er uns hingestellt hat, wie lange das auch immer sein mag.

Zu anderen Zeiten dürfen wir dann weitergehen. Für Israel galt: „Und wenn es auch vorkam, daß die Wolke nur vom Abend bis zum Morgen blieb und sich alsdann erhob, so zogen sie; und wenn sie sich des Tages oder des Nachts erhob, so zogen sie auch“ (4. Mose 9, 21).

Sowohl Ruhe als auch Ruhelosigkeit können eine Versuchung zum Ungehorsam bedeuten. Wir können mit unseren Umständen so zufrieden sein, so glücklich darin, daß wir keine Veränderung wünschen. Wenn wir hier gebraucht werden und zufrieden sind, wozu dann einen unbekannten Weg einschlagen?

Aber unsere Sicherheit liegt nur darin, der Leitung des Heiligen Geistes zu folgen, so wie Israel der Wolken- und Feuersäule folgte. Gott kannte den Weg und das Ziel. Seine Gegenwart begleitete sie ständig. Gott selbst suchte ihnen einen Ruheplatz aus (4. Mose 10, 33).

Der Herr Jesus ist der große Hirte der Schafe. Sicher kennen wir das bekannte Wort: „Er weidet mich auf grünen Auen und führt mich zu stillen Wassern. Er erquickt meine Seele, er führt mich auf rechter Straße um seines Namens willen“ (Psalm 23, 2-3). Er gibt uns noch eine weitere Zusage, daß er seine Schafe führt, und wenn sie den Weg nicht kennen, er in Treue vor ihnen hergeht (Johannes 10,4). Wir brauchen ihm nur zu folgen, ohne uns zu fürchten. Er führt.

Für uns wie damals für Israel liegt die Sicherheit und Ruhe des Herzens im völligen Gehorsam dem Herrn gegenüber. „Nach dem Befehl des Herrn zogen sie; sie achteten auf den Wink des Herrn, gemäß dem Befehl des Herrn, durch Mose“ (4. Mose 9, 23).

So wurde das Volk Israel ins verheißene Land geführt, und so werden auch wir ans Ziel kommen.

8

AUF GOTT WARTEN

„Darum spricht Gott, der Herr, also: Siehe, ich lege in Zion einen Stein, einen bewährten Stein, einen köstlichen Eckstein, der wohlgegründet ist; wer traut, der flieht nicht“ (Jesaja 28, 16).

Der Teufel ist wie ein Viehtreiber, der ständig die Peitsche schwingt. Immer ist er in Eile. Er spricht laut, gebieterisch, drängend; er ist immer ungeduldig, besteht auf sofortiger Entscheidung und Handlung, ohne daß man vorher Gelegenheit zum Gebet hätte. Er erweckt den Eindruck, Hast sei immer ein gutes Zeichen und Ausdruck einer gesunden Entschlußkraft.

Als Christen sollten wir es besser wissen. Unter gar keinen Umständen sollten wir der Stimme des Versuchers Gehör schenken und uns von ihm zur Eile antreiben lassen. Wir wissen, daß Gott es niemals eilig hat. Er ist der Gott der Ewigkeit. Von der Demut und Sanftmut Jesu sollen wir lernen und Ruhe für unsere Seele finden. Der Heilige Geist spricht leise und weist uns darauf hin, wie wichtig das Gebet und das Hören auf Gott sind. Wir sollen uns für Gottes Willen entscheiden und nicht für unsere eigenen Ideen, wir sollen im Glauben wandeln und uns nicht von unseren eigenen schwankenden Gefühlen leiten lassen.

Oft besteht der Feind darauf, daß wir in geschäftlichen Angelegenheiten kurzfristig eine Entscheidung treffen, auf der Stelle und natürlich ohne vorher Zeit zum Gebet zu haben. Wenn wir Gott um Weisheit und Führung bitten und auf ihn warten, erhalten wir die Bestätigung des Heiligen Geistes auf eine sanfte, liebevolle Art. Er erinnert uns daran, daß der Christ, der wirklich Gott vertraut, „nicht ängstlich eilen“ wird.

Vor Jahren stand ich einmal vor einer wichtigen Entscheidung. Ich hatte den Eindruck, ich sollte meine gegenwärtige Stelle aufgeben und mich verändern. Im rechten Augenblick wies mich ein Mann Gottes darauf hin, wie wichtig es sei, auf Gott zu warten. Er erinnerte mich an das Wort in Jesaja 28, 16: „ … wer traut, der flieht nicht.“

Dieser Mann sprach sehr praktisch mit mir. „Das Schuljahr endet nicht vor dem 9. Mai. Du und ich haben bis zu diesem Tag unsere Pflicht hier zu erfüllen. Wir sind dem Herrn gegenüber verantwortlich, bis zu diesem Zeitpunkt unseren Aufgaben treu nachzukommen. Der 9. Mai ist wie die Ecke eines Hauses. Erst an dieser Ecke, diesem Wendepunkt, wird uns Gott zeigen, wie der Weg weitergeht. Wir möchten gern um die Ecke sehen, bevor wir sie überhaupt erreicht haben, und schon weit im voraus wissen, was Gott von uns erwartet. Ich habe gelernt, im Glauben mit dem Herrn zu gehen und die Pflichten des jeweiligen Tages in der Zuversicht zu erfüllen, daß, wenn ich die Ecke erreiche, er mir die nächste Wegstrecke zeigen wird.“

Warte, bis du an die Ecke kommst! Das ist ein unschätzbarer Rat. Ich habe gelernt, wie wichtig es ist, auf Gott zu warten und nicht übereilt und ohne Gebet irgendwelche Entscheidungen zu fällen.

David gibt uns in Psalm 62, 6-7 eine feste Zuversicht: „Nur auf Gott wartet still meine Seele; denn von ihm kommt, was ich hoffe; nur er ist mein Fels und mein Heil, meine hohe Burg; ich werde nicht wanken.“

Und dann gibt es noch die Ermunterung aus Psalm 27, 14: „Harre des Herrn, sei getrost und unverzagt und harre des Herrn!“

Gebet und Geduld bewirken Gelassenheit des Herzens,

ein neues Hören auf den Herrn, neue Kraft für Leib und Seele. In Jesaja 40, 29-31 wird uns eine herrliche Zusage gegeben: „Er gibt dem Müden Kraft und Stärke genug dem Unvermögenden. Knaben werden müde und matt, und Jünglinge fallen; die aber auf den Herrn harren, kriegen neue Kraft, daß sie auffahren mit Flügeln wie Adler, daß sie laufen und nicht matt werden, daß sie wandeln und nicht müde werden."

Wenn wir rennen müssen, wird uns Gott die nötige Kraft dazu geben, aber auch zum Weitergehen in Geduld und Ausdauer oder zum Warten, je nachdem die Lage es erfordert. In den täglichen Pflichten und Aufgaben sollen wir in dem Vertrauen vorwärts gehen, daß, wenn wir Gott treu sind, er uns niemals in Dunkelheit oder Verzweiflung führen wird.

Die „Ecke", der Wendepunkt in unserem Leben, wird kommen! Für mich kam sie an jenem 9. Mai, von dem ich bereits sprach. Am Morgen dieses Tages begrüßte mich ein Freund mit der Frage: „Welche Pläne hast du für den Sommer?" Ich hatte keine. Das Vorhaben, in das ich mich noch vor acht oder zehn Tagen stürzen wollte, hatte sich zerschlagen. So lud mich mein Freund ein, mit ihm nach Boston zu gehen und ihm in seiner Arbeit für den Herrn in Neu-England zu helfen. Diese Wende erwies sich als eine der wichtigsten Entscheidungen meines Lebens.

Möglicherweise befindest du dich in einer ähnlichen Situation, die eine rasche Entscheidung zu erfordern scheint, ohne dir Zeit zum Gebet und Warten auf Gottes Antwort zu lassen. In einer solchen Situation würde der Herr uns mit den Worten aus Jesaja 30, 15.18 ermahnen: „Durch Umkehr und Ruhe könnt ihr gerettet werden, im Stillesein und im Vertrauen liegt eure Stärke. Aber ihr wollt nicht ... Darum wartet der Herr, damit er euch begnadigen kann, und darum ist er hoch erhaben, damit er sich über euch erbarmen kann, denn der Herr ist ein Gott des Gerichts; wohl allen, die auf ihn harren!"

Unser Wille ist es, der unsere Wahl bestimmt. Das traurige Urteil des Herrn über die Menschen jener Zeit lautete: „Aber ihr wollt nicht." Wenn sie darauf bestanden, ihren eigenen Weg zu gehen, würde er es ihnen erlauben — und sie mit all ihren Sorgen sich selbst überlassen.

Es gibt Zeiten, in denen Gott auf uns wartet, und andere, wo wir auf ihn warten. Er wartet darauf, uns gnädig sein zu können. Auf der anderen Seite lernen wir, daß das Wort „Wohl allen, die auf ihn harren" unsere Seele zur Ruhe bringen kann.

Wenn wir unter dem Druck des Feindes ungeduldig werden und vorwärtsstürmen wollen, gilt es, zu beten und auf Gott zu warten. Dann werden wir ruhiger. Unsere Gefühle kommen durch die Wirkung des Heiligen Geistes zur Ruhe. Wir erkennen, daß wir uns im Zentrum des Willens Gottes befinden, wenn wir vor ihm still sind und auf ihn warten. Wir lernen, mit Gott Schritt zu halten, mit dem Allmächtigen, der niemals rastlos eilt oder unter Zeitdruck handelt.

Gott sagt zu deinem ruhelosen Herzen, das unter dem Druck des Feindes seufzt: „Wer traut, der flieht nicht", und fügt hinzu: „Ihr werdet aber nicht ängstlich davoneilen, nicht wie Flüchtlinge gehen; denn der Herr wird vor euch herziehen, und der Gott Israels wird eure Nachhut sein" (Jesaja 52, 12).

9

HINDERNISSE

„Darum wollten wir auch zu euch kommen, ich Paulus einmal, sogar zweimal, und Satan hat uns verhindert" (1. Thessalonicher 2, 18).

Ist das Hindernis, das sich dir heute in den Weg stellt, die Bemühung Satans, um dich aufzuhalten, oder die Wirkung des Heiligen Geistes, der dich vor einem falschen Weg bewahren will? Paulus lernte auf seinen Missionsreisen, als er Gottes Führung suchte, beide Möglichkeiten kennen.

„... und Satan hat uns verhindert" (2. Thessalonicher 2, 18), schrieb er an die Gemeinde in Thessalonich.

„... und der Geist Jesu ließ es ihnen nicht zu" (Apostelgeschichte 16, 7), wird von ihm und seinen Mitarbeitern gesagt, als sie in ein bestimmtes Gebiet reisen wollten.

Wenn wir dem folgen, was wir für Gottes Führung halten, landen wir manchmal in schwierigen Umständen, die wir erst entwirren müssen.

Das Hindernis des Teufels, von dem Paulus hier spricht, wird nicht in Einzelheiten geschildert. Wir haben also keine Ahnung, worum es sich genau handelt. Möglicherweise nennt die Heilige Schrift absichtlich keine Einzelheiten, damit wir unsere eigene Situation leichter unter demselben Aspekt sehen können. Wir sollen mit der Taktik des Teufels vertraut sein, so daß uns „seine Anschläge nicht unbekannt" sind. Sonst werden wir von ihm verführt. Paulus berichtet darüber in 2. Korinther 2, 11.

Satan ist äußerst raffiniert und begegnet den Kindern Gottes in den verschiedensten Tarnungen. Er wird als „ein

Engel des Lichts“ und seine Diener als „Diener der Gerechtigkeit“ (2. Korinther 11, 14-15) beschrieben. In seiner Raffinesse kann er sogar sehr fromm auftreten und die Heilige Schrift für seine Zwecke verdrehen. So machte er es, als er Jesus in der Wüste versuchte (Matthäus 4, 1-11). Manchmal zeigt sich der Teufel sehr religiös, ein anderes Mal als brüllender Löwe. Er kann sowohl listig als grausam sein und wird mit Recht derjenige, „der den ganzen Erdkreis verführt“, genannt (Offenbarung 12, 9).

John Bunyan hatte einen tiefen Einblick in geistliche Wahrheiten. Er beschreibt den Charakter Satans in seinem Buch „Die Pilgerreise“ sehr deutlich. In einem Kapitel versucht der Feind, „Christ“ auf seinem Weg zur Stadt des großen Königs aufzuhalten. Als der Pilger darauf bestand weiterzugehen, weil er sich auf die Vergebung durch das Blut Jesu berief, wurde Apollyon schrecklich wütend und sagte: „Ich bin ein Feind dieses Prinzen. Ich hasse ihn, sein Gesetz und sein Volk; ich bin extra deswegen herausgekommen, um dir zu widerstehen.“

Trotzdem ist Satan ein bereits besiegter Feind, auch wenn er nicht immer leicht zu überwinden ist — „weil der in euch größer ist als der in der Welt“. Diese trostvolle Zusicherung finden wir in 1. Johannes 4, 4.

„Und sie haben ihn überwunden durch des Lammes Blut und durch das Wort ihres Zeugnisses“ (Offenbarung 12, 11) ist eine weitere Ermutigung. Die Bibel lehrt uns, daß, obwohl wir „wider die Herrschaften, wider die Gewalten, wider die geistlichen (Mächte) der Bosheit in den himmlischen (Regionen)“ kämpfen, wir am bösen Tag zu widerstehen vermögen, weil wir die „ganze Waffenrüstung Gottes“ haben (Epheser 6, 12-13).

Wie versucht nun der Teufel, Gottes Pläne und Ziele für unser Leben zu vereiteln? Wie kann er uns in den Weg treten, daß es heißt „Satan hinderte uns“?

Gefahr ist einer seiner dämonischen Tricks. Der Textzusammenhang von 1. Thessalonicher 2, 18 schildert bittere Verfolgungen von eigenen Landsleuten, die Paulus daran hinderten, „zu den Heiden zu reden, damit diese gerettet werden". Und trotzdem werden die Gläubigen mit den mächtigen Worten aus Philipper 1, 28-29 ermutigt: „... und euch in keiner Weise einschüchtern lasset von den Widersachern, was für sie eine Anzeige des Verderbens, für euch aber des Heils ist, und zwar von Gott. Denn euch wurde in bezug auf Christus die Gnade verliehen, nicht nur an ihn zu glauben, sondern auch um seinetwillen zu leiden."

Schwierigkeiten sind eine weitere List Satans. Sie können einen Gläubigen zur Verzweiflung bringen, weil er in seinem Dienst für Gott keinen Erfolg sieht. Aber wir sollten uns an die Worte des Apostels Paulus in 2. Korinther 4, 8-10 erinnern: „Wir werden allenthalben bedrängt, aber nicht erdrückt; wir kommen in Verlegenheit, aber nicht in Verzweiflung; wir werden verfolgt, aber nicht verlassen; wir werden niedergeworfen, aber wir kommen nicht um; wir tragen allezeit das Sterben Jesu am Leibe herum, damit auch das Leben Jesu an unsrem Leibe offenbar werde." Wenn wir auf Gottes Treue und Hilfe bauen, wird es dem Feind nicht gelingen, uns durch die Schwierigkeiten den Mut zu nehmen und uns von Gott abzubringen.

Satan ist der Herrscher der Finsternis, und einer seiner Kunstgriffe ist die Finsternis. Er wird „der Gott dieser Welt" genannt, der „die Sinne der Ungläubigen verblendet" (2. Korinther 4, 4). Aber nicht nur die Ungläubigen, sondern auch die Gläubigen versucht er zu verwirren. Er bemüht sich, den Ungläubigen davon abzuhalten, an Christus als seinen Erlöser zu glauben. Die Gläubigen möchte er daran hindern, den Verheißungen Gottes zu vertrauen.

In der Dunkelheit brauchen wir viel Standhaftigkeit, bis das „Licht der Welt“, unser Herr Jesus, die vom Teufel geschaffene Finsternis vertreibt.

Krankheit ist ein weiterer Umstand, den der Teufel gegen die Kinder Gottes einsetzt. Der „Pfahl fürs Fleisch“, von dem in 2. Korinther 12, 7 die Rede ist, wird als „Engel Satans“, der den Diener Gottes „mit Fäusten schlägt“, bezeichnet. Plötzliche Krankheit, wenn ein Diener Gottes mitten in einem gesegneten Dienst steht oder eine neue, verheißungsvolle Aufgabe in Angriff nehmen will, kann in ihm Zweifel aufkommen lassen und ihn seelisch zermürben.

In solch einer Lage müssen wir, wie der Apostel Paulus, lernen, daß Gottes Gnade genügt und daß seine Kraft in der Schwachheit vollendet wird. Dann können auch wir sagen: „Darum will ich mich am liebsten vielmehr meiner Schwachheiten rühmen, damit die Kraft Christi bei mir wohne. Darum habe ich Wohlgefallen an Schwachheiten, an Mißhandlungen, an Nöten, an Verfolgungen, an Ängsten um Christi willen; denn wenn ich schwach bin, dann bin ich stark“ (2. Korinther 12, 9-10).

Zweifel ist eine große List des Teufels, unseren Dienst für den Herrn zu beeinträchtigen. Glaube entsteht durch Gottes Wort in unseren Herzen (Römer 10, 17). Satan versucht, gerade dieses Wort wegzunehmen, wie er das auch bei dem Sünder tut, dessen Herz unzugänglich ist (Lukas 8, 12).

Wenn es dem Feind gelingt, Zweifel an den Verheißungen Gottes in uns zu wecken, ist er auf dem besten Weg, Gottes Willen in unserem Leben zu vereiteln.

Der Teufel ist ein Betrüger, und Täuschung ist ein weiterer Trick, den er gern anwendet. In 1. Chronika 21, 1 lesen wir: „Und Satan stand auf wider Israel und reizte David, Israel zählen zu lassen.“ Trotz der Bemühungen seiner treuen Berater bestand der König David darauf, dem Betrüger zu gehorchen. Das Ergebnis war eine schreckliche Pest im ganzen Land.

Simon Petrus bot dem Feind durch seine Selbstsicherheit eine Angriffsfläche und kam dadurch zu Fall. Der Herr Jesus hatte ihn vorher gewarnt: „Simon, Simon, siehe, der Satan hat euch begehrt, um euch zu sichten wie den Weizen“ (Lukas 22, 31).

Der Böse gebraucht noch andere Methoden, zum Beispiel Verzögerung, Entmutigung, Katastrophen oder den sehr menschlichen Wunsch, da zu bleiben, wo wir gerade sind.

All diese Beispiele zeigen uns, auf welch vielfältige Weise der Teufel versucht, die Nachfolger Jesu zu verwirren und in ihrem Dienst lahmzulegen. Mag er sich noch so bemühen, Gottes Pläne in unserem Leben zu vereiteln und uns aus der Fassung zu bringen, wir sollen ihm widerstehen (Jakobus 4, 7). Es wird uns gesagt, daß, wenn wir das tun, der Teufel von uns flieht. Auf keinen Fall dürfen wir ihm Raum geben (Epheser 4, 27; 1. Petrus 5, 9). Wir sollen seinen Ansturm zurückweisen, aber nicht in eigener Kraft gegen ihn ankämpfen oder uns in Argumente einlassen. Wir haben ja Gottes Waffenrüstung; damit können wir siegreich kämpfen. Das Schwert des Geistes ist wirksamer als alle Tricks des Feindes.

Stehe auf der Grundlage des Wortes Gottes, und dann gehe im Glauben vorwärts!

10

SELBSTSICHERHEIT

„Und David befragte den Herrn und sprach: Soll ich wider die Philister hinaufziehen? Und willst du sie in meine Hand geben? Der Herr sprach zu David: Ziehe hinauf, denn ich will die Philister gewiß in deine Hand geben!... Und David befragte den Herrn. Da sprach er: Du sollst nicht hinaufziehen; sondern umgehe sie und falle ihnen in den Rücken, daß du an sie herankommst von den Balsamstauden her. Und wenn du in den Wipfeln der Balsamstauden das Geräusch eines Einherschreitens hören wirst, alsdann beeile dich; denn der Herr ist alsdann vor dir hergezogen, das Heer der Philister zu schlagen" (2. Samuel 5, 19. 23-24).

Selbstsicherheit bildet in jedem Bereich unseres Lebens und besonders in unserer Beziehung zu Gott eine große Gefahr. Es ist immer falsch, Menschen oder Dinge als selbstverständlich anzunehmen — seien es Freunde, unser Geschäft, Gesundheit oder gar Gottes Einverständnis. An jeder Wegbiegung unseres Lebens müssen wir uns vergewissern, ob unsere Beziehung zum Herrn auch stimmt.

Ungewißheit kann unser Gemüt schrecklich belasten. Wenn wir in der Nacht auf einer uns wenig vertrauten Straße fahren, schauen wir an einer Abzweigung vielleicht nur flüchtig auf das Hinweisschild und nehmen an, wir müßten jetzt nach links abbiegen. Je länger wir dann auf dieser Straße fahren — ganz unabhängig von ihrer Beschaffenheit —, desto unsicherer und verwirrter werden wir, nur weil wir nicht mehr völlig davon überzeugt sind, richtig gehandelt zu haben. Wir nehmen zwar an, Linksabbiegen sei richtig gewesen, aber ganz sicher waren wir unserer Sache nicht.

Ganz anders verhält es sich, wenn wir überzeugt sind, die richtige Straße gewählt zu haben. Dann können wir den schlechten Zustand der Straße hinnehmen, auch eventuell Bauarbeiten und sogar Umleitungen. Wir wissen, daß dies die richtige Straße ist, ganz gleich, was uns begegnet.

Über die Notwendigkeit des Gebets besteht keine Frage, wenn wir der Führung Gottes in unserem Leben sicher sein wollen. König David lernte diese Lektion in seiner frühen Jugend. In aller Treue erfüllte er die ihm von seinem Vater übertragene Aufgabe als Hirte seiner Schafe und nahm es sogar mit Bären und Löwen auf. Nach diesen Bewährungsproben war selbst Goliath kein besonderes Problem mehr für ihn. Und dann kam das ganze Heer der Philister! — Mit den Jahren werden die Probleme ja immer größer und schwieriger, aber die Grundprinzipien zur Lösung bleiben stets einfach und unkompliziert.

Als David die Philister sah, fürchtete er sich nicht vor ihnen, aber er wollte bestätigt wissen, daß Gott in diesem Kampf mit ihm war. Darum befragte David den Herrn: „Soll ich wider die Philister hinaufziehen? Und willst du sie in meine Hand geben? Der Herr sprach zu David: Ziehe hinauf, denn ich will die Philister gewiß in deine Hand geben!" (2. Samuel 5, 19).

Der König betete, und Gott erhörte ihn. David und seine Leute errangen einen glänzenden Sieg (2. Samuel 5, 20). Aber mit diesem Sieg war der Krieg noch nicht zu Ende. Wieder zogen die Philister gegen Israel und „ließen sich im Tal Rephaim nieder", wie sie es kurz zuvor auch getan hatten. Damit geriet der König in die Versuchung, ohne Gott zu handeln. Unter genau den gleichen Umständen hatte seine Armee ja bereits einen glänzenden Sieg davongetragen. Wäre es jetzt nicht eine Kleinigkeit, diesen

Sieg zu wiederholen? Eigentlich lag gar keine Veranlassung vor, erst zu beten. Gott hatte ihn bei der vorigen Gelegenheit nicht im Stich gelassen; so brauchte er, David, doch jetzt nur die gleichen Methoden anzuwenden. Er hatte doch Erfahrung. Aber gerade das wäre der Gipfel der Anmaßung gewesen.

Vielleicht erinnerte sich David an die Erfahrungen seiner Vorväter in den Tagen Josuas. Nach der Zerstörung Jerichos mußte als nächste Stadt Ai erobert werden. Josua sandte eine Gruppe Soldaten aus, um die Lage zu erkunden. Bei ihrer Rückkehr nach Jericho berichteten sie Josua: „Lasse nicht das ganze Volk hinaufziehen; etwa zwei- oder dreitausend Mann mögen hinaufziehen und Ai schlagen, daß nicht das ganze Volk sich dahin bemühe; denn ihrer sind wenige!“ (Josua 7, 3). So wurde nur eine kleine Guppe von Männern entsandt — „sie flohen aber vor den Männern zu Ai ... Da ward das Herz des Volkes verzagt und ward wie Wasser“ (Josua 7, 4-5). Völlig verzweifelt fiel Josua vor dem Herrn auf die Erde und klagte, daß er und seine Leute doch lieber auf der anderen Seite des Jordan hätten bleiben und gar nicht erst versuchen sollen, das Land der Verheißung einzunehmen — obwohl Gott es ihnen doch geboten hatte!

Dann zeigte Gott Josua, daß Sünde im Lager war. Das sei die Ursache für diese demütigende Schlappe gewesen, und sie könnten nicht eher siegen, bis das Böse entfernt sei. Josua erhob sich und brachte diese Sache in Ordnung. Dann war die Zeit gekommen, Ai nochmals anzugreifen.

Diesmal gab Gott Josua seine Anweisungen: „Und der Herr sprach zu Josua: Fürchte dich nicht und sei unverzagt. Nimm alles Kriegsvolk mit dir und mache dich auf und ziehe hinauf gen Ai! Siehe, ich habe den König zu Ai samt seinem Volk und seiner Stadt und seinem Land in deine Hand gegeben“ (Josua 8, 1). Und so geschah es tatsächlich.

Durch diese Erfahrung lernte Josua, nicht ohne weiteres anzunehmen, Gott werde immer mit ihm sein, wenn sich die Situationen auch sehr ähnelten. Gottes Führung wird nicht notwendigerweise jedesmal so aussehen, wie wir sie in der Vergangenheit erlebt oder wie andere sie erfahren haben. Jede Erfahrung lehrt uns geistliche Wahrheiten, die uns in weiteren Situationen eine Hilfe sein werden.

Wir an König Davids Statt wären sicher versucht gewesen, unsere Streitkräfte zu sammeln und ohne Zögern dem Feind entgegenzumarschieren. So haben wir es früher gemacht; darum können wir es jetzt wieder so machen — meinen wir. Aber statt anzunehmen, er könne in der gewohnten Weise vorgehen, befragte David erst den Herrn. Diesmal wies ihn der Allmächtige an, den Feind nicht direkt anzugreifen, sondern einen Hinterhalt zu legen. Außerdem wurde der Zeitpunkt des Angriffs von dem Rauschen des Windes in den Bäumen abhängig gemacht. „Und wenn du in den Wipfeln der Balsamstauden das Geräusch eines Einherschreitens hören wirst, alsdann beeile dich; denn der Herr ist alsdann vor dir hergezogen, das Heer der Philister zu schlagen. Und David tat also, wie ihm der Herr geboten hatte, und schlug die Philister von Geba an, bis man gen Geser kommt" (2. Samuel 5, 24-25).

Manchmal ist ein Umweg sogar der kürzere Weg zu unserem gewünschten Bestimmungsort. Was den Truppen als Zeitverschwendung erschien, erwies sich als der günstigste Zeitpunkt. Ob Davids Leute wohl den Grund für den langen Marsch um den Feind herum verstanden? Ohne Zweifel hätten sie lieber sofort angegriffen. Wahrscheinlich hatte ihnen der König jedoch gesagt, welche Anweisungen er von Gott erhalten hatte. Vielleicht hielt er es aber auch für besser, die Taktik geheimzuhalten. Es ist zweifellos eine Prüfung unserer Treue Gott gegenüber und ebenso echter Führerschaft in seinem Dienst, wenn wir ihm, dem Allmächtigen, gehorchen — besonders dann, wenn wir anderen die Sache nicht erklären können oder sie uns Vorwürfe machen.

Rudyard Kipling hatte recht, als er sagte: „Wenn du einen klaren Kopf behalten kannst, während alle um dich herum durchdrehen und dir die Schuld dafür geben; wenn du dir deiner Sache sicher bist, obwohl alle anderen an dir zweifeln und doch Grund für ihre Zweifel besteht; wenn du warten kannst und des Wartens nicht müde wirst; wenn Lügen über dich verbreitet werden und du dennoch bei der Wahrheit bleibst; oder wenn du gehaßt wirst und du doch dem Haß in deinem Herzen keinen Raum gibst; wenn du dich dabei nicht ins beste Licht stellst noch zu kluge Reden führst — dann bist du wahrhaft ein Mann, mein Sohn!"

Schweigender Gehorsam Gott gegenüber kann ein Beweis höchsten Mutes und eines von Jesus Christus geprägten Charakters sein, zugleich aber auch das beste und wirkungsvollste Verfahren in einer bestimmten Situation. Vielleicht ist das im Augenblick dein Problem. Sei bereit, auf Gottes Führung zu warten, und offen für jeden Wink Gottes, wenn er dir eine Aufgabe zeigen will, die dir und anderen völlig fremd ist. Auf jeden Fall hüte dich vor jeder Art von Selbstsicherheit, die so leicht aus Stolz und Ungeduld erwächst.

11

LOBPREIS

„Unser Gott, willst du sie nicht richten? Denn in uns ist keine Kraft; und wir wissen nicht, was wir tun sollen, sondern unsre Augen sehen auf dich!" (2. Chronika 20, 12).

Josaphat, der im 9. Jahrhundert vor Christi lebte, war nicht der einzige König, der in höchster Not für sein gefährdetes Volk und für sich selbst zu Gott betete. Hier folgt ein Gebet eines Königs aus dem 9. Jahrhundert nach Christi, des Königs Alfred dem Großen, dem Monarch der Angelsachsen.

„Herr Gott, Allmächtiger, Schöpfer und Herrscher aller Kreatur, ich bitte dich um deiner großen Barmherzigkeit willen, du wollest mich besser führen, als ich es selbst vermöchte. Schütze mich gegen meine Feinde, die sichtbaren und die unsichtbaren, und lehre mich, deinen Willen zu tun, so daß ich dich mehr liebe als alles andere, mit einem reinen Herzen und einem reinen Leib. Denn du bist unser Schöpfer und Erlöser, unsere Hilfe, unser Trost, unser Vertrauen und unsere Hoffnung. Preis und Ehre sei dir, jetzt und allezeit in Ewigkeit. Amen."

Menschliche Verlegenheiten können zu Gottes Gegenheiten werden, wenn wir ihm erlauben, uns zu der von ihm bestimmten Zeit und auf seine Weise zu helfen. Kein Problem ist für ihn zu groß, und im Blick auf seine Allmacht und nie versagende Treue braucht auch für uns kein Problem zu groß zu sein. Er kann es lösen. Nehmen wir nur die großartige Verheißung aus 1. Korinther 10, 13, die uns zusagt: „Es hat euch bisher nur menschliche Versuchung betroffen. Gott aber ist treu; der wird euch nicht über euer Vermögen versucht werden lassen, sondern wird zugleich mit der Versuchung auch den Ausgang schaffen, daß ihr sie ertragen könnt."

Unsere Schwierigkeiten geben dem Allmächtigen die Gelegenheit, uns seine Treue und Barmherzigkeit zu zeigen. Ungewißheit ist schwer zu ertragen, aber heilsam für unser Herz. Sie kann der Vorläufer einer großen Freude sein, wenn wir dem Herrn vertrauen und ihm gehorchen. Geben wir jedoch der Verzweiflung Raum, kann die Verwirrung in unserem Gemüt zu einer Katastrophe führen.

Wenn wir vor Angst nicht mehr aus noch ein wissen, sollen wir Gott vertrauen. In Psalm 56, 4 zum Beispiel heißt es deshalb: „Wenn mir angst ist, vertraue ich auf dich!" Sind wir bestürzt, sollen wir uns Gottes Güte ins Gedächtnis rufen. Ist die Lage, menschlich gesehen, hoffnungslos, sollen wir Gottes Verheißungen und seiner Fürsorge vertrauen. Stehen wir unter irgendeinem Druck, sollen wir Gott loben und danken, denn das erfreut sein Herz. Dann teilen wir das starke Vertrauen des Psalmisten, der in der größten Not voller Zuversicht schrieb: „Was betrübst du dich, meine Seele, und bist so unruhig in mir? Harre auf Gott, denn ich werde ihm noch danken, daß er meines Angesichts Heil und mein Gott ist!" (Psalm 42, 12). Die gleiche Zuversicht kommt in Psalm 50, 23 zum Ausdruck: „Wer Dank opfert, der ehrt mich, und wer den Weg bahnt, dem zeige ich Gottes Heil!"

König Josaphat und sein Volk erfuhren ganz real, wie sich Gott ihrer annahm, als sich das Volk in höchster Not und Gefahr befand. Die grimmigen Feinde Judas, die Ammoniter und Moabiter, hatten das Volk angegriffen. Als die Nachricht von der Invasion den König erreichte, „fürchtete sich Josaphat und befleißigte sich, den Herrn zu suchen, und ließ in ganz Juda ein Fasten ausrufen" (2.

Cronika 20, 3). In Gegenwart des Volkes flehte er ernstlich für sie zu Gott um Hilfe. Er wußte, daß die Lage hoffnungslos war — es sei denn, der Allmächtige würde eingreifen. Sein Gebet, das wir in 2. Chronika 20, 6-12 finden, ist ein ausgezeichnetes Beispiel erhörlichen Betens. Es ging von den Tatsachen aus, war konkret, inbrünstig und glaubensvoll, obwohl Josaphat keine Ahnung hatte, wie oder wann ihnen Gott helfen würde.

Josaphat ging in seinem Gebet davon aus, daß Gott, der Schöpfer Himmels und der Erde, der Gott Israels war. Der König fragte: „O Herr, Gott unsrer Väter, bist du nicht Gott im Himmel? ... Bist du nicht unser Gott?" Es gibt einen altmodischen, aber biblischen Zustand, den man bezeichnen könnte als „auf Gebetsgrund stehen". Das traf auf Josaphat zu. Auch uns sagt das Wort ganz klar: „So mögen denn die, welche nach Gottes Willen leiden, dem treuen Schöpfer ihre Seelen anbefehlen und dabei tun, was recht ist" (1. Petrus 4, 19).

Der König betete ernst und aufrichtig, und wir stimmen in sein Gebet mit ein: „Wir wissen nicht, was wir tun sollen, sondern unsre Augen sehen auf dich." Für uns ist es nur wichtig zu wissen, daß Gott alles weiß, auch wenn wir uns nicht vorstellen können, wie er uns helfen wird.

Nachdem wir gebetet haben, sollen wir still in Gottes Gegenwart bleiben, so wie der König und sein Volk es taten. Wir brauchen diese Stille vor Gott, um hören zu können, was er uns zu sagen hat. Der Heiland lehrte uns, daß wir nicht um unserer vielen Worte willen gehört werden. Wir sollen still sein und erkennen, daß der Herr Gott ist (Psalm 46, 11).

Die göttliche Antwort kam für Josaphat umgehend. Der Geist Gottes sprach durch einen Menschen, der in der Nähe war: „So spricht der Herr zu euch: Ihr sollt euch nicht fürchten, noch vor diesem großen Haufen verzagen; denn der Kampf ist nicht eure Sache, sondern Gottes ... Aber es ist nicht an euch, daselbst zu streiten. Tretet nur hin und bleibet stehen und sehet das Heil des Herrn, mit welchem er euch hilft. O Juda und Jerusalem, fürchtet euch nicht und verzaget nicht! Morgen ziehet aus wider sie, der Herr ist mit euch!" (2. Chronika 20, 15. 17).

Der Heilige Geist spricht durch die Heilige Schrift zu uns, denn: „Demnach kommt der Glaube aus der Predigt, die Predigt aber durch Gottes Wort" (Römer 10, 17). Wenn uns der Heilige Geist erst einmal durch das Wort Gottes Gewißheit geschenkt hat, sollen wir, wie der König Josaphat, Gott anbeten, ihm glauben und ihn preisen. Josaphat wies seine Leute an: „Vertrauet auf den Herrn, euren Gott, so könnt ihr getrost sein, und glaubet seinen Propheten, so werdet ihr Glück haben!" (2. Chronika 20, 20).

Von diesem Zeitpunkt an war es nicht mehr nötig zu beten, sondern nur noch, Gott zu preisen. Voll Dankbarkeit und Freude zog das Volk in den Kampf. „Und als sie anfingen mit Jauchzen und Loben, ließ der Herr einen Hinterhalt kommen über die Ammoniter, Moabiter und die vom Gebirge Seir, die wider Juda gekommen waren, und sie wurden geschlagen" (2. Chronika 20, 22).

Das gilt auch für uns, die wir beständig Gottes Führung und Gnade nötig haben. Nachdem wir im Gebet gesagt haben: „Wir wissen nicht, was wir tun sollen, sondern unsre Augen sehen auf dich", müssen wir Gottes Verheißung annehmen und glauben. Gottes Wort ermahnt uns: „Sorget um nichts; sondern in allem lasset durch Gebet und Flehen mit Danksagung eure Anliegen vor Gott kundwerden. Und der Friede Gottes, der allen Verstand übersteigt, wird eure Herzen und Sinne bewahren in Christus Jesus!" (Philipper 4, 6-7).

Flehen mit Danksagung, Gebet mit Lobpreis — ein

solches Gebet des Glaubens wird erhört. Josaphat und seine Leute errangen an dem Tag, als sie Gott priesen, einen überwältigenden Sieg. Das gleiche können wir — du und ich — auch heute noch erleben.

12

IN AUSWEGLOSIGKEITEN

„... der Herr hat mich den Weg ... geführt ...“ (1. Mose 24, 27).

Als ich im Büro der Flughafengesellschaft im Zentrum von Athen stand, schaute ich zum Herrn auf und betete: „Lieber Herr, sollen wir unsere Reise fortsetzen oder umkehren?“

Ich mußte Gottes Willen sofort erfahren. Mit einem Begleiter, Dr. E. Joseph Evans aus Boston, Treuhänder des Wheaton College, war ich auf dem Weg zum alten Königreich von Äthiopien. Der Kaiser selbst hatte uns eingeladen, die Schulen seiner Majestät kennenzulernen. Dr. Evans und ich hatten eine Woche in Griechenland verbracht, um einige Aufbauarbeiten nach dem Zweiten Weltkrieg zu beaufsichtigen und um unsere Glaubensgeschwister dort zu ermutigen. Diesen Auftrag hatten wir erfüllt und sollten fahrplanmäßig am frühen Montagmorgen von Athen nach Kairo fliegen und von dort nach Addis Abeba, der Hauptstadt Äthiopiens. Vom Erziehungsministerium hatten wir Nachricht bekommen, daß unsere Visa in der Äthiopischen Botschaft in Kairo für uns bereitlagen. Außerdem flog das einzige Flugzeug in der Woche von Ägypten nach Äthiopien um vier Uhr am Mittwochmorgen. Deshalb war es von größter Wichtigkeit, daß wir Kairo am Montag erreichten, um am Dienstag unsere Visa abholen und weitere eventuelle Formalitäten erledigen zu können.

Am frühen Montagmorgen sprachen wir im Büro der Flughafengesellschaft am Constitution Square in Athen vor und erfuhren lediglich, daß das Flugzeug Verspätung haben würde. Wir würden rechtzeitig benachrichtigt werden, um zum Büro zurückzukehren und zum Flughafen gebracht zu werden. Den ganzen Tag warteten wir auf diese Nachricht, aber vergeblich. Auch in der Nacht hörten wir nichts. Früh am Dienstagmorgen erkundigten wir uns und erfuhren, daß das Flugzeug immer noch nicht von Rom in Richtung Athen abgeflogen sei. Die Zeit verstrich. Es war inzwischen zu spät für uns, die notwendigen Vorbereitungen für die Verbindung in Kairo zu treffen.

Es wurde Mittag, aber immer noch keine Antwort. Am frühen Nachmittag stand außer Zweifel, daß wir Kairo nicht rechtzeitig erreichen würden, um unsere Visa abholen und das Flugzeug am Mittwochmorgen um vier Uhr erreichen zu können.

Still betete ich um Gottes Führung. Es wäre eine Enttäuschung, an diesem Punkt umkehren zu müssen, aber andererseits konnten wir auch nicht eine ganze Woche in Ägypten bleiben und auf das nächste Flugzeug warten.

„Gehe soweit du kannst!" Ganz still aus der Tiefe meines Herzens war dieses Wort emporgestiegen. Bis zu diesem Augenblick wußten wir uns im Zentrum des Willens Gottes. Hatten wir uns geirrt, als wir die Einladung nach Äthiopien annahmen — jetzt, da die Tür offenbar verschlossen war?

„Geh soweit du kannst!" Das Wort hatte für mich einen heimatlichen Klang. Ich erinnerte mich an einen Vorfall, aus dem Anfang meines Glaubenslebens. Die Erste Amerikanische Division war die letzte Kampfeinheit, die Frankreich und Deutschland im Spätsommer des Jahres 1919 verließ. Daher wurde ich erst Ende September aus der Armee entlassen. Ich hatte zwar gedacht, ins erste Semester der Universität Illinois einsteigen zu können, aber bis ich Zivilist wurde und die Uniform abgelegt hatte, war ich schon drei Wochen zu spät dran. Außerdem hörte ich zu

Hause von einigen meiner früheren Schulkameraden, die im vorigen Jahr an dieser Universität studiert hatten, daß in Illinois nicht einmal zu Höchstpreisen Zimmer für Studenten zu bekommen wären. Ich ließ mich jedoch nicht entmutigen, sondern wollte einen Versuch wagen. Während des Nachmittags jenes ersten Tages, als ich auf ein Interview mit Dean Babcock vom „College der freien Künste und Wissenschaften" wartete, betrachtete ich die Menge der Studenten, die von einem Hörsaal in den anderen strömten. Einer von ihnen blieb bei mir stehen und grüßte mich freundlich. Wir kannten uns von der Oberschule her.

„Hast du schon ein Zimmer gefunden?" fragte er mich. Als ich verneinte, gab er mir seine Adresse und sagte: „Wir werden schon einen Platz für dich finden." Und sie schafften es. Auf diese Weise wohnte ich zwei Jahre mit einer prächtigen Gruppe junger Männer zusammen.

Meine Verantwortung war es, soweit zu gehen, wie ich konnte — dann sandte Gott einen Freund, um mir den nächsten Schritt zu zeigen.

Bist du unter Gottes Leitung und Fürsorge so weit gegangen, wie es dir möglich war? Abrahams Diener tat genau das. Er hatte strikte Anweisungen erhalten, in das Land zu gehen, von dem Abraham ausgezogen war, um unter seiner Verwandtschaft eine Frau für seinen Sohn Isaak zu suchen (1. Mose 24, 4). Abraham versicherte seinem Diener, daß Gott einen Engel vor ihm hersenden würde (1. Mose 24, 7), und so zog er los. Nach einem langen Weg erreichte er das betreffende Dorf. Alle Menschen dort waren ihm fremd. Bisher hatte er Gottes Führung erlebt, doch jetzt kam die große, entscheidende Frage: „Welches der jungen Mädchen ist wohl das richtige für Isaak?"

Abrahams Diener tat genau das, was wir unter ähnlichen Umständen auch tun sollten. Im Gebet brachte er seinen

Dank für Gottes Hilfe bis zu jenem Augenblick zum Ausdruck. Dann bat er Gott, durch ein bestimmtes Zeichen deutlich zu machen, welche die richtige von Gott erwählte Frau für Isaak sei. Hören wir sein Gebet: „O Herr, du Gott meines Herrn Abraham, laß es mir doch heute gelingen und tue Barmherzigkeit an meinem Herrn Abraham! Siehe, ich stehe hier bei dem Wasserbrunnen, und die Töchter der Leute dieser Stadt werden herauskommen, Wasser zu schöpfen. Wenn nun eine Tochter kommt, zu der ich spreche: Neige doch deinen Krug, daß ich trinke, und sie spricht: Trinke, ich will deine Kamele auch tränken, — so möge sie diejenige sein, die du deinem Diener Isaak bestimmt hast, und ich will daran erkennen, daß du an meinem Herrn Barmherzigkeit getan habest" (1. Mose 24, 12-14).

Fast noch bevor er dieses kurze Gebet beendet hatte, erschien die Antwort in der Gestalt von Rebekka, die sich sogleich anbot, die durstigen Kamele zu tränken — eine außergewöhnliche Arbeit für ein junges Mädchen, und besonders einem Fremden gegenüber. Ihre ganze Haltung und Handlung bewies ihr gütiges und freundliches Wesen. Anbetend neigte Elieser Haupt und Herz, und aus seinem Gebet sehen wir, daß ihm bewußt war, auf dem richtigen Weg zu sein. Gott hatte ihn geleitet, so daß er seinen Auftrag erfüllen konnte.

Kurz nach meinem Gebet in Athen erhielten wir die Mitteilung, daß das Flugzeug innerhalb einer Stunde erwartet würde. Dr. Evans und ich gingen zum Flughafen und bestiegen das Flugzeug nach Kairo. Als wir gegen halb zehn Uhr am Abend ankamen, landete das große amerikanische Flugzeug gerade neben einer kleinen C-47-Maschine mit einem aufgemalten Löwen, dem Zeichen der Äthiopischen Fluglinien! Aber wir hatten keine Visa, um dieses Flugzeug zu besteigen!

Als ich in der Reihe stand, wo wir unsere Pässe abgestempelt bekamen, kam ein Fremder vorbei, der sich als ein Vertreter von „Trans World Airlines" vorstellte. Er erkundigte sich nach unserem Problem und sagte, er würde sich für die Beförderung unseres Gepäcks einsetzen und uns am nächsten Morgen um vier Uhr ans Flugzeug bringen. Visa brauchten wir nicht. — Wir waren so weit gegangen, wie wir konnten, und da wir uns in Übereinstimmung mit Gottes Willen befanden, wurden wir auch von ihm geleitet. So sichtbar, wie Rebekka als Antwort auf das Gebet des Knechtes kam, so erschien dieser Vertreter zur rechten Zeit, um uns zu helfen.

Vielleicht stehst auch du jetzt gerade vor einer Entscheidung. Der Weg erscheint dir völlig blockiert, und du weißt nicht, ob du umkehren oder weitergehen sollst. Du bist dir bewußt, bis jetzt von Gott geführt worden zu sein. Aber nun sieht es so aus, als ob du an das Ende des Weges gekommen seist. Aber du weißt — wie damals Abrahams Diener und viele Christen im Laufe der Jahrhunderte —, daß du dich im Zentrum des Willens Gottes befindest. Also übergib die ganze Angelegenheit dem Herrn. Wenn du in deiner Ausweglosigkeit betest, dann preise Gott auch für seine Güte. Das Hindernis auf dem Weg mag nach einer Aufforderung zur Umkehr aussehen, aber es kann auch bedeuten, daß du einen weiteren Schritt vorwärts gehen sollst; und schon morgen mag sich ein Weg auftun, wo heute noch keiner zu sehen ist.

Unsere Sache ist es, Gott im Gehorsam zu folgen. Dabei erfahren wir die Freude zu wissen: „... der Herr hat mich den Weg ... geführt!"